别吃了不会说话的亏

牧 原 ◎ 著

Communication

Speech

Negotiation

北方文艺出版社

图书在版编目（CIP）数据

别吃了不会说话的亏 / 牧原著. -- 哈尔滨：北方文艺出版社, 2019.12
 ISBN 978-7-5317-4657-7

Ⅰ. ①别… Ⅱ. ①牧… Ⅲ. ①语言艺术－通俗读物 Ⅳ. ① H019-49

中国版本图书馆 CIP 数据核字（2019）第 200452 号

别吃了不会说话的亏
Bie Chile Buhui Shuohua de Kui

作　者 / 牧　原	
责任编辑 / 路　嵩	封面设计 / 天下书装
出版发行 / 北方文艺出版社	邮　编 / 150080
发行电话 /（0451）85951921 85951915	经　销 / 新华书店
地　址 / 哈尔滨市南岗区林兴街 3 号	网　址 / www.bfwy.com
印　刷 / 三河市人民印务有限公司	开　本 / 880mm×1230mm　1/32
字　数 / 200 千	印　张 / 9.25
版　次 / 2019 年 12 月第 1 版	印　次 / 2019 年 12 月第 1 次印刷
书　号 / ISBN 978-7-5317-4657-7	定　价 / 42.00 元

目 录

第一章 话不能随便说，一句就能毁前程

1. 伴君如伴虎，一句话说错惹来杀身之祸 / 003
2. 提防祸从口出，一句玩笑引发悲剧 / 006
3. 随便向同事诉苦水，结果被出卖 / 009
4. 背后说领导坏话，断送的是自己的未来 / 012
5. 说话犯众怒，小心遭封杀 / 014
6. 只因为称呼错了，结果丢掉了千万大单 / 017
7. 在职场，这些口头语会让你前程堪忧 / 020
8. 互相贬低，你的婚姻会葬送爱情 / 023
9. 一句无心的话可能会惹祸上身 / 026

第二章 你身边没有蔡康永，让人难堪的话不要说

1. 即便是愚人节，开玩笑也要有限度 / 031
2. 当别人自黑的时候，不要去附和 / 033
3. 一看穿就说破，面子不好过 / 036
4. 失意人面前不谈得意事 / 039
5. 别人的伤疤，不能揭 / 042
6. 能捧场时就不要拆台 / 044
7. 不拿别人生理缺陷开玩笑 / 047
8. 对方说错话，给个台阶下 / 050

第三章 直言快语易伤人,委婉表达得人心

1. 千万别把"刀子嘴豆腐心"当成一句赞美 / 055
2. 批评别人前,先检讨自己 / 058
3. 先肯定对方的观点,再提出自己的观点 / 061
4. 用幽默的方式表达自己的不满 / 064
5. 绕个圈子,拒绝朋友的不合理请求 / 066
6. 如何让对方不失体面地收回"爱" / 069
7. 曲径通幽,有意见要绕着说 / 073
8. 绕个圈子,学会有艺术地说"不" / 076
9. "逐客令"下得美妙动听,才不失礼貌 / 079

第四章 只干不说遭淘汰,职场会说比会做更重要

1. 职场沉默羔羊,你忍气吞声换来尊重了吗 / 085
2. 不替老板做决定,引导他说出你的决定 / 087
3. 给上司提建议,而不是提意见 / 090
4. 这样向上司提加薪的要求 / 093
5. 恰到好处地向领导请示工作 / 097
6. 及时汇报工作进度,让上司看到你的努力 / 100
7. 同事与你抢功劳时的语言对策 / 104
8. 上司跟前,尽量少说"不知道" / 107
9. 事毕主动回复是礼貌,更是品质 / 110
10. 功劳面前要学会说低头话 / 113

第五章 废话再多也没用,说到点上才有说服力

1. 换位思考,站在对方的立场说服对方 / 119
2. 以子之矛攻子之盾,用对方的观点说服对方 / 122
3. 说些软话,方能得偿所愿 / 124
4. "捧"着别人为你办事 / 127
5. 关键的几句话就能搞定对方 / 130
6. 运用激将之法,让别人不得不为你办事 / 133

7. 巧搬"第三者"，事情更容易办成 / 136

　　8. 动之以情，用你的真心打动对方 / 139

　　9. 善意地给对方绝望感 / 141

　　10. 善用人性的弱点来说服 / 144

第六章　语言苍白让人生厌，有趣才不会冷场

　　1. 寻找对方感兴趣的话题，而不是泛泛而谈 / 149

　　2. 来一个幽默开场白，炒热现场气氛 / 151

　　3. 用有趣的方式自嘲，成为自己的高端黑 / 154

　　4. 第一次见面聊什么，才不会冷场 / 157

　　5. 借题发挥的幽默，是对话中的彩蛋 / 160

　　6. 言之有物才有人愿意听 / 163

　　7. 灵活运用修辞，让表述形象生动 / 166

　　8. 人们更愿意同有幽默感的人聊天 / 168

　　9. 严肃的问题，风趣地说 / 171

第七章　嘴巴不甜不招人待见，赞美的话人人都爱听

　　1. 物往贵处说，人往年轻讲 / 177

　　2. 从对方得意的地方说起 / 180

　　3. 发挥"高帽子"的作用 / 183

　　4. 请教就是最好的赞美 / 186

　　5. 多说别人的长处，少说别人的不足 / 189

　　6. 情商的最低要求：少泼冷水多夸赞 / 192

　　7. 赞美的话要具体，一概而论听起来像敷衍 / 195

　　8. 不留痕迹的夸奖既让人舒服又吸引对方主动接近 / 198

　　9. 想让对方做什么，不妨在这一方面夸奖他 / 201

第八章　没有同理心就没有沟通，感同身受让听的人更舒服

　　1. 学富五车，不如关心别人感受 / 207

　　2. 如果心不在焉，还没开口你就输了 / 209

　　3. 不唱独角戏，让大家都有表现的机会 / 213

4. 迎合对方，顺着对方说"是"/ 215

5. 少说"但是"，多用"当然"/ 217

6. 当人生气、难过，安慰情绪，而非讲道理 / 220

7. 你为对方着想，对方才会为你着想 / 223

8. 安慰别人的有效方法，说点你的伤心事 / 226

第九章　分分钟被拉黑？网聊怎么聊才能越聊越嗨

1. 相亲加了微信，怎么聊才不会冷场 / 231

2. 怎样聊天能让陌生群友成为潜在客户 / 234

3. 微信搭讪，什么样的开场白才能吸引对方聊下去 / 237

4. 微信群里怎么聊天才更受欢迎 / 240

5. 正确使用聊天表情，让语言锦上添花 / 243

6. 你回复了什么，对方把你拉黑了 / 246

7. 别老在微信上问我"在吗"，有事请直接说 / 249

8. 不是必要的时候，请不要发语音 / 252

9. 如何礼貌地结束微信聊天，而不显得尴尬生硬 / 256

第十章　说是一种能力，不说是一种智慧

1. 如果你不知道说什么，就微笑着倾听 / 261

2. 讲话的修养就是别人说时你闭嘴 / 264

3. 对不了解的不妄加评论，是一种教养 / 266

4. 口吐恶语前，先沉默三分钟 / 269

5. 管好自己的嘴巴，让流言止于自己 / 271

6. 有些秘密适合烂在心里 / 274

7. 别人不想说的隐私，不刨根问底 / 276

8. 最好的批评是沉默 / 279

9. 被批评，别忙着为自己辩解 / 282

10. 置之不理，诽谤就会灰头土脸 / 285

11. 学会在争论中置身事外 / 288

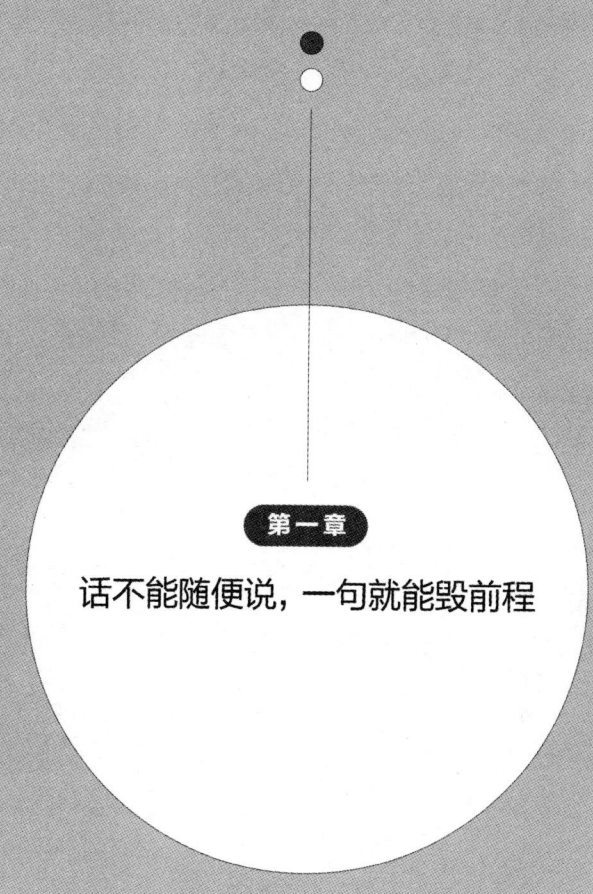

第一章

话不能随便说,一句就能毁前程

1. 伴君如伴虎，一句话说错惹来杀身之祸

俗话说："伴君如伴虎。"在君主专制时期，官场上所说的每一句话都要慎之又慎，一不小心说错了就可能招来杀身之祸。特别是那些在天子跟前当差的人，不管你是立下汗马功劳的开国元勋，还是皇帝跟前的无名侍者，只要说错了话，后果都十分严重。

洪武初年，明太祖朱元璋封李善长为左丞相，后又封宣国公，洪武三年又授予他"开国辅运推诚守正文臣"的称号，此时的李善长可谓是位极人臣。之后朱元璋还与李善长联姻，并赐予其一块免死铁券。

可后来偏偏出了个造反的胡惟庸，他与李善长是老乡，又有联姻的关系。胡惟庸造反的时候顺势牵连到了李善长，但朱元璋顾及李善长多年的功劳，就没有过多地为难他。

李善长年老还乡之后，本不应该再过问官场的事，但他却管不住自己的嘴，替罪臣丁斌求了情。这丁斌正是被皇帝怀疑是造反者胡惟庸的亲信才被问罪的，李善长的求情正好撞到了枪口上。朱元璋大怒，命令下属对丁斌好生拷问，这一问就牵扯出了

李善长。

从丁斌的口供中朱元璋得知,当初胡惟庸造反曾鼓动过李善长,并答应一旦成功,就封李善长为淮西王。李善长虽然没有答应,但说了一句:"我老了,干不成事了,等我死了以后,任你们闹去。"就是这句话让朱元璋忍无可忍,下令查抄李善长的家。

就这样,一位功勋卓著的开国宰相被抄家问斩,当初的那块免死铁券也没能留住他这条命。李善长也成了历史上唯一一位被问斩的开国宰相,这全都是因为他说的那一句话。

在古代官场之中,说话是一门非常高深的学问,也是一种生存下去的必备技能。常伴当权者身边的那些人,哪个不是战战兢兢的?人前要反复斟酌之后才敢说话,就是到了人后,说起自己的主子来也是毕恭毕敬。即便如此,仍旧有一些人因为一句无心之失而招来杀身之祸。

当初的慈禧太后在中国可谓是只手遮天,她在晚年喜欢上了下象棋,闲来就和身边的小太监下上一局。一天慈禧心情烦闷,就召身边的一个小太监来陪着下棋,小太监下着下着就有点飘飘然了,忘了自己奴才的身份,吃了慈禧一匹马之后大声呼叫:"我吃了老佛爷一匹马!"

这让本就烦闷的慈禧一阵恼火,她愤怒地摔了棋盘,说:"你个不知天高地厚的狗奴才,胆敢吃我的马,看我不要你的命!"小太监就这样因为一句话丢掉了自己的性命。

由此可见,在当权者面前,不仅不该说的话万万不能说,就连一些本可以说的话也要分清场合,在不合时宜的场合就不能说。

在任何情况下,人与人之间的沟通都是一种彼此思维和内心之间的博弈,在这个博弈中并不是你心存温情或善意就能博得对方的好感,说话时对时机的准确把握,对对方心理的准确揣摩都要比善意更重要。

古代官场如此,现代职场也是如此,在与领导的沟通中也要把握好分寸,明白什么话能说、什么话不能说、什么话应该什么时候说。在领导面前将话说对了、说好了,便有可能从此走上人生的"上坡路",步步高升,飞黄腾达,说错了就别怪领导处处给你"穿小鞋",晋升的名额也迟迟没有你。

安康的老板是一名单身女性,五十多岁独自和爱女生活,女儿就是她的宝贝。她的女儿也争气,凭自己的能耐申请到了英国某知名大学的全额奖学金。老板常常在下属们面前夸自己的女儿是如何如何漂亮,又是多么多么优秀。

一天老板正在看一个年轻女孩的照片,恰巧安康路过,老板就把安康叫来问:"你觉得这个女孩做咱们公司的形象大使如何?"安康本想着自己是一个已婚男性,不适合给别的年轻女孩过高的评价,又觉得照片上的女孩在形象和气质上确实算不上优秀,就随口说道:"一般般,还过得去。"老板听后哈哈大笑,说:"这是我女儿。"安康当时肠子都悔青了,知道以后在公司不好混了。

果不其然,之后老板仍旧让她的女儿担任了公司的形象大使,并且再也没有给过安康好脸色。

人与人之间的交流复杂多变,特别是与地位较高之人对话,更是让人捉摸不透。与这些人对话时要懂得从对方的角度出发，站在对方的立场思考问题。思考时要严谨细致，表述时要慎之又慎，这样才有可能不出差错。

2. 提防祸从口出，一句玩笑引发悲剧

近日媒体上刊登出这样一则消息：烟台牟平区某街道发生了一起恶性伤人案件，案件的当事人老张和老杨本是多年的好友，却因一句玩笑话而越闹越凶，大打出手，最终老杨被老张砍成重伤，老张又在懊悔中喝农药自杀身亡。

由此可见，话不能乱说，玩笑也不能乱开，稍有不慎，祸从口出，一句玩笑话也会酿成一场惨剧。

前段时间，东北话"你瞅啥？""瞅你咋地？"成了爆红网络的搞笑对白，一些关系颇为亲密的好友总喜欢用这样的对白来调侃对方，调动群体之间的气氛。但正是这句用来逗乐的玩笑话，引起了误会，进而引发了一场悲剧。

一日，东子和洪洪等人在北京现代音乐研修学院外的餐馆聚餐，小辛及朋友也在此餐馆用餐，双方彼此都不相识，而同样在餐馆里吃饭的小汪却与双方均是好友。

饭吃到一半，小汪拿着酒杯先走到小辛的桌前去敬酒，随后又坐到东子的桌前聊天。没过多久，小辛从餐馆的卫生间出来，恰巧路过了东子这一桌，便和席间的小汪打趣道："你瞅啥？"小汪也开玩笑地回了一句："瞅你咋地？"

这本是一段玩笑对白,但喝酒上头的洪洪不明就里,以为小辛过来找小汪挑衅,便拍桌而起,不怀好意地冲着小辛说:"瞅你咋啦?"小汪见双方产生了误会赶紧解释,好言相劝一番后,双方被劝解开来。突然,东子发现小辛的朋友携带着刀具,以为对方有攻击的意思,就赶紧催好友回家取刀。

东子一帮人吃完饭准备离开时,与小辛一帮人再次发生了目光对视,最终双方在餐馆门口发生肢体冲突,东子手持折叠刀胡乱捅了几下,造成了1人死亡,1人重伤,2人轻微伤的后果。

就如"你瞅啥?""瞅你咋地?"一般,很多玩笑话都含有一定的攻击意味,这样的玩笑话非常不容易被掌控,稍有不注意、略有偏颇就可能变成一种带有攻击性的语言,进而引发矛盾。

尤其是我们在与熟人开玩笑时,常常会拿对方的一些缺点来取乐,"死胖子""矮冬瓜""大脸妹"……大多数情况下,这样的玩笑能显得彼此间很亲密,不生分,但从本质上来说,对方对这些话还是很抵触的,一旦遇到对方情绪不稳定,这些话就会引起对方的不满。而此时,早已把这些玩笑当成理所当然的你会认为对方的反应过于激烈,你一句我一句的争吵就发生了,最后甚至演变为肢体上的冲突……

不仅如此,不少年轻人的口无遮拦还表现在经常性地开一些不知轻重的玩笑。

2013年的时候,美国某知名歌手正举办演唱会,其间演唱了一首中文名为《定时炸弹》的歌曲。当时,一名现场的粉丝在社交网站上晒出了自己听演唱会的图片,并发文:炸弹已经准备好,炸掉演唱会场馆的时候到了!

这条动态引起了警方的关注，随后警方出动了二十多名干警来追捕他，最终在一万余名现场观众中找到了这名粉丝，并以公共妨害罪将他逮捕。整场演唱会因此而受到了波及，无数歌迷陷入了恐慌。

一些年轻的父母在与孩子开玩笑时也要注意，一些玩笑在我们眼里无足轻重，但是在年幼无知的孩子眼里就是一种恐吓。比如我们经常听到的，年轻妈妈对年幼宝宝说："你再调皮，我就把你从窗户上扔出去。"这本是一句略带批评的玩笑话，但很多小孩子却会信以为真。

三岁的笑笑发现，自从有了弟弟，妈妈就不再喜欢自己了，有的时候自己调皮了，妈妈还会说"你不乖就把你卖掉""你再调皮就把你扔出去""你看弟弟多乖，哪像你，天天调皮捣蛋"……久而久之，笑笑就认为爸妈真的不爱自己了，而这一切都是弟弟的出生造成的。

笑笑的妈妈在厨房做菜，让笑笑陪着不满一岁的弟弟玩。过了一会儿，笑笑妈妈突然听见阳台上传来一阵哭声，妈妈闻声赶来时看到笑笑坐在阳台上大哭，阳台的窗户敞开着，心中充满了不详预感的妈妈把头伸出去一看，小儿子已经躺在了水泥地上……

任何一种交流与沟通都是双向的，开玩笑也不例外，我们在开玩笑时往往会忽略对方的感受，总认为自己觉得有趣，别人也会觉得有趣，自己可以接受，别人也可以接受，悲剧恰恰就是这种心理造成的。

同一个笑料，不同的人会表现出不同的接受程度，同一个人在不同精神状态下对同一个笑料的接受程度也不一样。我们在开玩笑时要充分顾及对方的感受，当心祸从口出。

3. 随便向同事诉苦水，结果被出卖

在职场里，同事之间的关系大都很微妙，彼此之间看起来亲密无间、其乐融融，但在这一派和谐景象的背后却是各藏心思，谁也不信任谁。更有甚者，还会在背后钩心斗角、互相陷害。这就导致了很多职场菜鸟掏心掏肺地找同事诉苦之后却被同事无情地出卖。

在职场中，最忌讳的就是与同事吐槽公司内部的不公和领导的种种丑态。职场是一个名利场，你永远不会知道你的同事为了得到某个职位在背后做了哪些"努力"，你也永远不知道他们为了讨领导欢心，在背后对领导说了些什么。

张尧到公司已经四年了，在这四年中，他曾有三次晋升的机会，但都没能如愿升职。私下里他总说："不知道为什么，每次都是在关键的时候被刷下来，平时关系好的，到了关键时刻没一个愿意站在我这边。"

原来张尧为人大大咧咧，尤其是在与同事的交往中，常常说起话来毫无顾忌，什么事情都会说给同事。一次，张尧为了获得参加培训的机会，就在私下里请主管喝了顿酒。事后，张尧在和同事们的闲聊中无意间说起了这件事，张尧把主管在酒桌上的丑态尽数抖搂给了这几个同事。谁想，其中一个同事为了获得参加

培训的机会就把张尧背后说主管坏话的事全都告诉了主管本人，而张尧自然就丢了这个机会。

还有一次，有个同事通过一些手段获得了提升的机会，被列入了提升人员的名单中，连续数年没有得到提升的张尧心里不平衡，私下里又在酒桌上和同事说起了公司内部的种种"不公平"。这些话又不知怎么就传到了领导的耳朵里，从此张尧就彻底地与晋升绝缘了。同事们见张尧不讨领导喜欢，也都暗暗疏远着他。

也许当你遭遇到张尧这种情况，你会抱怨你的同事太过阴险狡诈："没想到他是这样的人，当面一套，背后一套。"但你别忘了，之前在同事们面前大肆吐槽公司内部"黑幕"的你又何尝不是这样的人。职场上没有谁是君子，所以你也不要指望你的同事做事会多么光明正大。

观察身边，你会发现，在职场中总有那么几个人的嘴是闲不住的。他们见了这个同事说那个同事"做事拖拉，方案半天做不出来，拖慢整个团队"，见了那个同事又说这个同事"脾气不好，动不动就大发脾气，没有涵养"……经过一段时间你会发现这些人在公司里大都是不受欢迎的，他们处处招人排挤，处处被冷遇。

在办公室的闲聊中，许多职场菜鸟会控制不住自己的言行，把自己私人生活中发生的一些事情拿到职场上来说。比如"昨天我和女友吵架了""最近我老公总是回来得很晚，他会不会出轨了啊"……这些私密话题最容易在职场中疯传，很快你的私事就会传遍整个办公室，这会让你很难堪。

高雅最近和公司里的一个女同事处得特别好，恰巧这段时间她和男朋友总闹矛盾，她就把自己和男朋友的事情毫无保留地告诉了这位女同事。

事后的几天，高雅走在办公室里发现同事们都用奇怪的眼光看着自己，起初她以为是自己穿着打扮太过引人注意的原因，直到无意中听到两个同事的对话她才知道，原来整个办公室里都在讨论她和她男友的那点事，这让高雅又羞又恼。

原来她在和同事诉苦的时候把一些极其私密的事情也都说给了那位同事听，谁知这位同事竟然把这些私密的事情都说给了别人听，高雅不知该怎样处理这件事情，无奈之下只好辞职离开公司。

一个职场达人懂得很好地把工作和生活隔离开来，回到家不谈工作上的事情，来到公司也绝口不提生活中的事情。因为他们知道，同事之中大有居心叵测的人存在，他们就等着你出丑，你一旦透露出一些不够积极的信息，他们便会大肆渲染，然后疯狂传播，他们这样做为的就是让你在职场中"身败名裂"。

我们都知道，在职场中问别人薪资是一件极其不礼貌的事情，除此之外，在职场中一切与金钱有关的事情也都是禁忌。在职场中你不能总和同事"哭穷"，大家都在一起工作，彼此之间的收入也大都心里有数，你总是和同事"哭穷"就会显得你这个人过于吝啬。同样，在职场中炫富也是不可以的，工作就是付出劳动获取报酬，不是来体验生活的，如果你经常炫富，就会打破你与同事之间的平衡，引起同事们的不满。

同事之间的沟通很复杂，知道什么该说什么不该说很重要，把握好凡事说多少同样重要。不要和同事吐苦水，在同事的眼里，你的苦水正好是他们的笑料。

4. 背后说领导坏话，断送的是自己的未来

在日常工作的上传下达中，每个人多多少少都会与自己的领导产生一些不愉快。这不像与同事之间的矛盾，可以无所顾忌地去找对方理论，与领导发生了不愉快，大多数情况下你只有忍着的份。很多人偏偏受不了这份"憋屈罪"，喜欢在背后偷偷地说一些领导的坏话。

和同事悄悄地说了领导的坏话，你们哈哈一笑，心情舒畅了，情绪发泄了，但职场之中居心叵测的人不少，你永远不知道同事看似忠厚本分的外表下藏着的是一颗什么样的心。世上没有不透风的墙，只要你在背后说了领导的坏话，十有八九会传到领导耳朵里。

其实，你的这种行为就相当于在为别人向领导打小报告提供素材。从此领导开始对你心存不满，工作中处处给你"穿小鞋"。被领导"针对"了之后，你的职业生涯还会有好的发展吗？

领导当着众员工的面批评了公司里的"元老级"员工王昊，王昊心里憋屈："我跟你干了这么久，没有功劳也有苦劳，你至于因为一点破事就当着这么多人的面批评我吗？"

之后，在一次下班途中，王昊遇到了新来的同事李韬，俩人你一句我一句地聊了起来。不知不觉中，王昊就把话题扯到了老

板身上，他说自己从一开始就跟着老板干，已经五六年了，老板那点事他都知道。

王昊从老板创业之前的窘迫说到其婚后混乱的私生活，又从老板的别墅说到送情妇的豪车。这些话听得李韬目瞪口呆。

事后，不知怎么回事，前辈王昊说老板坏话的事在公司里流传了开来，当然，老板本人也尽数得知了，没过几天，老板把他叫到了办公室，告诉他："你被解雇了。"在王昊临出办公室之前，老板还意味深长地说了一句："老王，背后给别人造谣言可不好。"

在职场中，如果你和领导之间出现了矛盾，或者你对领导的一些决策不满，你完全可以当面和领导善意地进行沟通，何必在背后议论别人的是非呢？更何况对方还是掌握着你加薪和升迁机会的领导。

领导最忌讳的事情就是自己的员工对自己不够忠诚，当面恭顺却总是暗地里伤人。其实，与其在背后嘀嘀咕咕授人以把柄，还不如当面表明想法。这样既维护了你的人格，还会让领导觉得你这个员工办事负责，对公司里的事务上心，领导很可能因此而对你产生好感。

当然，在职场中，我们也会经常性地遭遇到别的同事在背后议论领导的不是。这时候，你可以借着这个话题一点一点地把议论的内容从领导的不是与缺点转移到领导的高明与优点上来。这些话虽然不如"坏话"流传得快，但隔墙有耳，多次背后赞扬领导，总有一次会被领导听到。而这样的巧合只要发生一次，就能改变你在职场中的命运。

单位正在召开全体中层干部会议，会议对年度工作进行总结。中途，张然到洗手间方便，恰巧在这里遇到了办公室主任高赫。俩人就你一句我一句地聊了起来，张然有意把话题扯到正在召开的会议上，他感慨地说："刚刚听了局长的报告，真是受鼓舞啊！咱们单位今年取得的成就确实可观，就像局长在报告里说的'开创了一个新局面'。"

高赫看着张然点了点头。接着听张然说："说实话，我觉得咱们局今年取得这么好的成绩，得归功于咱们的局长。我是打心眼里佩服咱们这位局长，精力充沛、事业心强，做起事来一点都不马虎。你光看局长平时走路就能看出来，身板笔直，脚步干净利索，个人魅力更是不用说……"

张然正说得起劲，突然有人拍了拍他的肩膀，他回头一看，竟然是局长。局长说："年轻人，好好干！"张然尴尬地连声应和。这件事情过后没多久，张然就被列入了提拔的名单中。

在职场中最忌讳的莫过于乱议是非、捕风捉影。领导的是非是绝对不能议论的，不管是现任领导还是前任领导，议论领导的是非就是对领导的不忠，这样的下属到哪都不会受到领导的重视。

5. 说话犯众怒，小心遭封杀

有人说："今天就是一个自媒体时代，每个人都可以在网上发表自己的观点。"的确，科技给了我们更多表达自己的机会，但也有可能让我们一不小心沦为众矢之的。社交网络上发表言论更要注意分寸和尺度，不然很可能激起众怒。

前段时间某考研培训机构的一位辅导老师爆红网络，网友们纷纷表示这位老师讲课就像说相声，有一种自然而然的幽默感。从此这位考研辅导老师就成了广受同学们关注的"公众人物"。他开始陆陆续续地参加一些综艺节目，与此同时，他说话也越来越"大胆"。

这位老师受邀录制一期综艺节目，这档节目在国内拥有极高的收视率。节目中，在谈及年轻人在求职面试中需要注意的事项时，这位老师竟然公然表示："我是非常讨厌（求职者）问'五险一金'的。"这位老师认为"进入职场的目标是拿退休金去生活的人基本上没啥追求"，同时，这位老师也表示他最讨厌面试者问"咱们公司有没有加班费"。

他的这些言论一下子就激起了众怒，网友们纷纷表示这位老师"三观不正"，不尊重劳动者的基本权益。进而这位老师遭到了网友们的"围攻"。

无独有偶，同样是涉及公司员工的利益问题，一个千万粉丝关注量的自媒体大号曾发表过一篇名为《职场不相信眼泪，要哭回家哭》的文章。文章中提到："我上厕所的时候，听到她在外面跟爸妈打电话，哭着说，来了公司三天，每天要下楼好几趟，去帮老板拿外卖……"紧接着，文章又提到："老板的时间就应该是最值钱的，不应该拿来做杂事；所有的新人，就应该从杂事做起。很多职场新人意识不到这一点，不明白自己的位置，被安排做杂事，就会觉得万般委屈。"

这篇文章发出来后，迅速在朋友圈里疯传了起来，文章作者，也就是该自媒体大号的主要负责人一下子就成了众人抨击的对象，有的自媒体人甚至发文表示反对。没过多久，该自媒体大号就遭到了"被禁言"的处罚。等到言论恢复之后，该自媒体大号开始转变以往言论过激的风格。

平时我们在上网的时候也经常会看到一些耸人听闻的文章，如《榴莲牛奶同吃会导致咖啡因中毒》《雾霾中含有耐药菌60余种，将导致药物失去作用》《地暖可能产生"供暖辐射"，对人体有害》等等，这些谣言让一些缺乏科学知识的普通民众信以为真，进而引发大众恐慌。等随后权威媒体站出来辟谣之后，深受其害的网民们对之恨之入骨。

近日，国家就针对散播网络谣言出台了相关惩治办法，一批散播谣言的不法分子受到了应有的处罚。曾经网络上流传过一篇名为《请大家高度注意——最近出现很多用布袋装孩子的行为，听说是要挖心脏、肾、眼角膜……》的文章，这引起了无数家长的恐慌，造成了极其恶劣的社会影响，也引起了警方的注意。随后，警方在相关部门的协助下找到了文章的作者并对其处以治安拘留10天的处罚。

有人说："我又不是什么公众人物，我发一条微博，发一条朋友圈，能看到的人就那么几个，随便说点什么没关系吧！"这样的想法是不对的，互联网的可怕之处就在于它能够在不经意间引发"蝴蝶效应"，你在网上的一些言论，不知不觉就可能引起一场轩然大波。

我们经常见到一些网友在某条热门微博之下留言，很多留言都言辞激烈、真假难辨，一些留言甚至还带着极强的煽动性。正是这些极具争议的留言，很容易引起广大网友的关注，稍不留神，这些留言就会激起众怒，广大网友会以这条留言为线索，对你展开"人肉搜索"，进而在网上曝出你的真实身份，使你的正常生活受到影响。

先撇开这样的行为是否合理不谈，你在网上随便发布一些带有攻击性或争议性的言论，本身就是一种对自己不负责的行为，受到广大网友的自发"封杀"也可以说是咎由自取。

科技给了我们更多表达自己观点的机会，我们也应该相应地承担起应该承担的义务。网络上当然也有一些人借着这个技术做出了很多温暖的事情，比如某位明星曾表示自己在网上看到寻找亲人的消息时，不管真假都会转发，正如他说的那样："万一是真的呢？"

自媒体真的是一把双刃剑，拿在你手里，就看你怎么用，如果你用在胡言乱语、耸人听闻上，对不起，国有国法，你会得到相应的法律制裁。与其这样，倒不如用它做一些温暖的事情，万一你需要帮助，相信别人也会伸出援助之手。

6. 只因为称呼错了，结果丢掉了千万大单

在与客户正式洽谈工作之前，喊对称呼很重要。这是职场社交中的基本礼节，如果见面之后你连客户的称呼都喊错了，那只能说明你在背后没有好好做功课，说白了也就是你对这次的合作

不够重视，没有合作的诚意。面对这样的态度，客户又怎么会放心与你进行下一步的合作？

公司派骨干销售员刘小兵去和一个重要客户谈一单价值千万的大合同。其实这个客户已经算是公司的老客户了，销售员刘小兵和对方公司的办公室张主任早就混成了老朋友。

商谈当天，刘小兵早早到了约定商谈的地点，他一见到老朋友张主任就赶忙迎了上去，热情地握着张主任的手，说："张主任，您好啊！好久不见了。"这时候，张主任却有点反常，他一脸尴尬地说："你好，小刘，我先来给你介绍一下，旁边的这位是我们的新办公室主任，马主任。"

刘小兵赶紧向马主任问好："马主任您好！我是刘小兵，今天同时见到了您二位真是三生有幸。"这边话没说完，他又转头对张主任说："张主任，我们现在就开始吧？"

这时，马主任突然开口了："你们先谈吧！我还有事，先出去一下。"说完就走了出去。张主任见局势已成定局，不由大怒："小刘！你怎么说的话啊！马主任才这个项目的主要负责人，我不过是一个副职，他本来是要和你签合同的，我就是起个引荐的作用。这下好了，合同没法签了。我也出去了！"

刚刚进入职场的年轻人，需要学习的第一件事就是正确地"喊人"。现在职场中的称呼五花八门，有职务类称呼，例如张科长、赵经理、吴总；有职称类称呼，如：王教授；有行业类称呼，如：周医生、赵律师；还有性别类称呼，如：李先生、张女士。当然，最近又兴起一股"老师热"，无论哪个行业，只要其有一定声望,都被别人称呼为"老师"。

在种类繁多的称呼体系中,搞清楚对什么人用什么称呼很重要,分清场合使用不同的称呼也很重要。现在的"90后"对比自己大一点的男士喜欢喊"哥",女士则喊"姐",这样的称呼在一般的中小型私营企业里很恰当,但在大型国企、机关部门、事业单位里就不适用了。

在普通中小私营企业里,员工之间,领导与同事之间使用"哥"和"姐"这样的称呼既显得尊敬,又不会让人产生距离感。但在大型国企、机关部门、事业单位则不同,这些单位里有着严格的职务制度,职务就代表着这个人的身份,你随随便便地称别人"哥"和"姐"就是对别人的不尊重。在这种单位里,无论对方多年轻,在称呼中都要加上对方的职务,该叫"张科长"的就不能叫"张哥",该叫"夏主任"的也绝不能叫"夏阿姨"。

即便是在一些私营企业,称呼也不是想怎么用就可以怎么用的。生活在不同年代的人对同一种称呼会有不一样的理解,比如,四十岁上下年龄的人习惯于被别人喊"段工""李师傅",而职场中的"90后"则喜欢被人喊"哥"和"姐"。

许嘉星在一家互联网公司工作,作为一名"95后",她在公司里算是年龄最小的,再加上她性格活泼可爱,平时在公司里大家都把她当小妹妹来看。同样,她也是这样定位自己在公司的地位的,所以她总是喊同事们"哥哥""姐姐"。

工作中,常听到许嘉星在喊:"剑英哥哥,你在忙吗?我这有点小问题想问你一下！""慧敏姐姐，下班后一起去逛街吧！"……公司里"90后"不在少数，大家也都能接受这样的称呼，可公司里那帮"70后"的"老人"就接受不了了。私下里，一些"70后"的男同事总说许嘉星称呼肉麻，女同事则说她故意"卖萌"。

许嘉星工作中犯了错，被领导陈燕叫到跟前，领导问她："怎么回事啊！你说说！"许嘉星没多想，张口就来："陈姐姐，是这样的……"领导陈燕虽然看起来年轻，但她可是地地道道的"70后"，向来受不了这样的称呼，大声说："叫我陈姐，没大没小的！"许嘉星被突如其来的怒吼吓住了，迟迟说不出话来。

恰如其分的称呼既体现了对他人的尊重，也能透露出个人的素养。热忱、充满敬意又得体的称呼是打开人与人交往大门的钥匙，职场中用对了称呼才会有之后友好的交谈。

7. 在职场，这些口头语会让你前程堪忧

职场是一个最讲究说话方式的地方，可以说，你说出的每一句话都需要承担一份责任，同事之间的交流如此，上下级之间的交流更是如此。一些不懂得其中微妙关系的职场菜鸟，总会把一些日常生活中的口头语带进职场中，这让他们栽了不少跟头，情节严重的还有可能影响整个职业生涯。

小志在一家新媒体公司工作，刚到公司不久，工作上很多内容还不是那么熟悉。一天，提前半个小时到公司的他在电梯里和领导相遇，领导见小志来得早，就问道："起这么早，昨晚没值班吧？"小志回答："是。"领导又接着追问："那昨晚谁值的班啊？"

还没被安排值班的小志对值班事务一无所知，他就如实地告诉了领导："我还没开始值班，不知道啊！"领导点了点头。

又有一次，小志在筛选新闻时出了点问题，领导就把小志叫到办公室训话，告诉他以后在工作中要注意什么。期间，领导每问一个问题，小志就回一句"我不知道啊"，这让领导很反感。

后来小志就淡出了领导的视线。

一些职场菜鸟在被领导问起某件事情，而自己又一无所知的时候总是习惯性地以"我不知道啊！""这跟我没关系！"这样的口头语来应对领导的提问。表面上看来这样的回答没什么问题，但在领导看来，这样的表述就过于随便了，侧面反映出对公司的事情不够关心，对同事不够关注，当然这也意味着对这份工作不够重视。如此一来，领导怎么放心地将更重要的任务交给轻视工作的员工呢？

当领导跟你谈话时，你要注意，千万不能用"我知道""我明白"来回应领导，尤其是在领导还未表述完毕时，这很容易引起领导的反感，认为你这个人太过浮躁、不够谦逊。还有一些人甚至会在"我知道""我明白"后面接上一句"但是……"这就有了和领导争论的意味，在上下级分明的职场关系中，这样的行为可以说是禁忌，你这句习惯性口头语在领导看来就是一种不恭敬的顶撞。

一些职场新人，在任务执行中经常会遇到领导的否定。在你看来自己已经把所有能想到的方法都尝试过了，自己已经尽了全力，但领导仍旧不满意。这个时候，很多年轻人会随口来上一句："那我该怎么办？"这样的表述大有把问题抛给领导的意味，领导聘用你是用来解决问题的，如果你再把问题抛回给你的领导，你的价值又体现在哪里？领导又凭什么支付给你薪水？

在与平级的同事沟通时，平日里的习惯性口头语更不能用。同事之间商讨问题时，你在表述完毕时千万不能再接一句："你懂我的意思吗？"这会让对方误以为你在质疑其理解能力，正确的表述应该是："我说清楚了吗？"

和同事商讨问题时，一些急于表达自己观点的人喜欢说"你听我说"，这样的表述过于强势，很容易给人一种你在居高临下地发布命令的错觉。而且，这样的表述通常情况下是以打断对方说话为前提的，这是一种极其没有礼貌的表述方式。

平日里，当我们忙于某件事情而无暇顾及其他事情的时候，总会说："我忙着呢！以后再说吧！"但在职场上，如果正在忙碌的你遇到了同事的求助，你的一句"我忙着呢！"会让对方误以为你在敷衍，而你的那句"以后再说吧！"则表明了你这人做事不够负责。如果你是真的忙，那么应该把具体的原因告知对方，紧接着你要确切地告诉对方什么时间会着手处理这件事情，这样才不会引起不必要的麻烦。

如果你已经跻身到了领导层，在你与下属之间的对话中更不能想说什么就说什么，想怎样说就怎样说。一些带领团队的领导，面对下属的请教或汇报时总喜欢用一句"你看着办吧！"来回应。这样的表述不仅是对下属的轻视，也透露出了这个人对工作不够负责严谨，十分不符合领导者的身份。

领导者就是来拿主意的，如果你让下属"看着办"，一旦出了事情，这个责任该由谁来承担？而且，一句"你看着办"很容易让这个团队失去可供遵循的任务执行路线，进而引发团队内部分歧。

职场是一个讲究责任和严谨的地方，在职场中，需要摒弃生活中的某些口头语，让自己的一言一行都准确高效。

8. 互相贬低，你的婚姻会葬送爱情

有人说所谓的夫妻就是互相"扶起"，这样才能有"福气"，如果夫妻之间互相贬低，你的婚姻就会葬送爱情。

爱情的美好是建立在女人对男人的崇拜，男人对女人的欣赏之上的，如果留心观察，你会发现，任何一段爱情都是如此。不管是青年爱侣还是老年金婚，一段美好的爱情中，女人看男人时，眼睛里总有一些崇拜，男人看女人时眼睛里也满是温柔的欣赏。

如果婚姻中男女双方都丢掉了对于彼此的爱慕和欣赏，转而

沦为相互贬低，那么婚姻也就从此沦为了爱情的坟墓。

夫妻在相处的过程中，很容易有意无意地说出一些贬低对方的话，例如，嘲笑对方的穿衣品味、讽刺挖苦对方的不良习惯、蔑视对方取得的成绩、轻视对方的个人爱好、打击对方的理想信念等等。这些贬低会在另一方的潜意识里造成一种持久性的伤害，久而久之就酝酿成了婚姻的危机。

郑曼在家里做饭的时候突然发现没有酱油了，便打电话给还没有下班的丈夫，要他下班回来的时候买一瓶酱油。丈夫最近工作压力大，下班回家的路上还满脑子想着工作上的事情，就把买酱油的事情给忘了。

回到家里，郑曼便不停地数落丈夫："交代你什么都能忘，到底有没有长脑袋！"说完酱油的事情又扯到了其他事情："跟你说多少次了，看完报纸叠好再放回去，老是不长记性！""每天下了班就知道看电视，没出息！"……说着说着郑曼又翻起了丈夫的陈年往事："怪不得你第一个老婆跟你离婚！""我看你们家的人就一个特点，不讲卫生！""你这样一辈子也别想升职"……

最后丈夫忍无可忍，打了她一巴掌。

在婚后平淡的生活里，夫妻双方都会逐渐褪去所有的伪装，把自己人性中最真实的一面展现给对方，这本是一种信任和依恋。而日常生活中，夫妻之间出现磕磕绊绊也是再寻常不过的事情，但偏偏有些人喜欢揭短、翻旧账，一有小的矛盾就拿对方的缺点大肆贬低，让其既尴尬又恼火。长此以往，爱情也被一点一点地摧毁掉了。

好的婚姻都是靠捧出来的,不仅私下里夫妻双方要互相肯定,互相夸奖,当着外人的面更应该如此。婚姻中要常常对自己的另一半说:"没关系,我相信你!""和你在一起真幸福!""没什么不好的,我觉得已经很好了。"这样温馨的话语能让你们的爱情持续保持温度。当着外人的面要把那个"你"换成"她"或"他",在外人面前说起你的丈夫或妻子时,你要说:"和他(她)在一起很幸福。""我相信他(她)!""没什么不好的,我觉得他(她)是最好的!"

周末,几个闺蜜聚在娜娜家聊天,大家七嘴八舌地说着,聊着聊着就扯到了自己的老公身上。一说起自己的老公,几个闺蜜就兴致大发,说来说去都是说自己老公的不好。什么"挣得太少""没有爷们的样子""邋里邋遢,睡觉还打呼噜"……

唯独杨潇不然,一说起自己的老公,杨潇总是眼里放光,带着满满的崇拜感。她说自己的老公很厉害,什么都会,简直就是全能,小到做菜煲汤,大到修理家电汽车,里里外外,无论哪出了毛病,只要她老公在,就没有解决不了的问题。

杨潇的话恰巧传到了娜娜母亲的耳朵里,闺蜜们都散去之后,母亲语重心长地对娜娜说:"你啊,不能老是贬低自己的丈夫,人都爱听好话,两口子也要互相捧着,人前人后多说点你丈夫的好话,日子才能过起来。"

很多人会抱怨:"他(她)结了婚后就像变了个人似的,结婚之前觉得他(她)哪哪都好,结了婚才发现,原来他(她)

有这么多臭毛病。"其实对方的这些"臭毛病"可能一直都有，对方的那些"好"也一直都在，结婚之后人们往往会把注意力放在对方的"臭毛病"上，而逐渐忽视掉对方一直存在的"好"。

好的婚姻就是要时刻看到对方好的一面，互相之间多捧一捧对方，不要老拿不好的一面来贬低对方。互相贬低只会让爱情迅速降温，人前人后多捧一捧你的另一半，你的婚姻不仅不会成为爱情的坟墓，还可能成为爱情的温室，让你的爱情一直尽情绽放。

9. 一句无心的话可能会惹祸上身

说者无意，听者有心，很多时候你的一句无心之语就可能会给你带来一场灾祸。

电影《大逃亡》中有这样一个桥段：成功地从俘虏营里逃出来的俘虏们即将跳上火车穿越国境时，一小队德国兵走了过来，并用流利的德语挨个盘问俘虏。俘虏们战战兢兢地摆脱了盘问，终于能回到车上时，突然一个德国兵用英语嘀咕了一句："请多保重！"一个俘虏没忍住，随口用英语说了一句："谢谢。"

结果，众俘虏身份暴露，悲惨地倒在了边境线上。

也许你可能认为这样的场景太过戏剧性，现实生活中不会有这样离奇的巧合。但事实却并非如此，生活中人心隔肚皮，你永远不知道对方怀揣着一颗怎样的心，你也永远不知道对方忠厚的外表下究竟正盘算着什么。

某税务调查官在调查某公司的税务时遇到了一位很难对付的企业经营者。

调查中，这位调查官并没有发现该公司有偷税漏税的现象，但多年的职业经验总在隐隐地提醒他这家公司不简单。调查结束后还是没有找到任何的证据，他以为是工作太忙，精神紧张导致自己在工作中产生了错觉。

全部的调查结束后，他一直提着的心总算可以放下来了。此时，他正悠闲地一边品茶一边和这位企业经营者闲聊。聊着聊着就聊到了屋子里的装饰，调查官若无其事地指着墙上的一幅山水画说："这幅画不错啊！"

正聊在兴头上的经营者脱口就来："嘿！您真有眼光，这可是真迹……"话还没说完，经营者就知道自己说漏嘴了。对面的调查官不怀好意地笑了："终于找到你偷税漏税的证据了。"

其实，"说者无意，听者有心"的故事在生活中随处可见，好友之间闲聊时，你无意间透露出的一件事就可能把另一位朋友出卖；夫妻之间，丈夫一不留神，在说话时提到了某位女同事，就可能引起妻子的怀疑；同事之间，你一时没管住自己的嘴，说了一些不应该在办公室说的话，这些话就可能传遍整个办公室，等等。

语言涵盖的范围极广，它不仅仅指口头上的言语，还包括了肢体、表情等涵盖的语言信息。很多时候，我们能管好自己的嘴巴，却不见得能管好自己的眼睛和肢体。无意之间，你的一个眼神、一个细微的举动就能出卖你，甚至给你带来灾祸。

特别是在生意场上，顾客走进你的店铺时，你能做到笑脸相迎，但随着你们之间沟通的深入，你很可能逐渐失去耐心。这时候，你会逐渐失去对自己情绪以及面部表情的控制，无意间流露出你的真实情绪，例如暴躁、不耐烦等，这些都将使你失去一大批顾客。

日常交流中虽然没有必要时刻保持警惕，但也要做到时时刻刻都留心，管好自己的行为，不该说的不说，不该看的不看，不该有的举动也不要有。

第二章

你身边没有蔡康永，
让人难堪的话不要说

1. 即便是愚人节，开玩笑也要有限度

与同事朋友相处，你总是一板一眼地做事，一本正经地说话，时间久了，他们就会觉得你这个人很无趣。茶余饭后开开玩笑，既活跃了气氛，拉近了你们之间的距离，又显得你这个人风趣幽默，很有魅力。但开玩笑一定要有个度，即便是愚人节当天。

有人会认为，愚人节给了人们合理戏弄对方的机会，因此，很多人在愚人节开起玩笑来肆无忌惮。这样的做法与其说是"开玩笑"，倒不如说是"戏弄"更为准确。

愚人节当天，一位异性好友发给李雪一个"红包"，李雪看到后想都没想就点了进去，谁想这是一个恶搞视频，在李雪点开"红包"那一瞬间，手机里就传出了高分贝的不雅声音。身在图书馆的李雪赶紧下调音量，但仍旧招来了周围一大片异样的目光，无奈之下，李雪只好红着脸、低着头快速离开了图书馆。

李雪刚从图书馆出来，手机就响了，是那个异性好友打来的。原来那天是愚人节，他就想出了这样一个法子来跟李雪"开玩笑"，现在还在电话里公然问别人听见了没有，李雪脑子里浮现出了对方幸灾乐祸的嘴脸，不由生出一团怒火。一怒之下

李雪就与这位异性好友绝交了。

　　好友之间开玩笑虽然轻松，却不能过于随便，如果玩笑开得过于随便，没有了度，很可能影响到你们之间深厚的感情，就像李雪和她那位异性好友。

　　开玩笑要有度，这个"度"并不是一个抽象的概念。一个真正懂得开玩笑的人在开玩笑的时候会顾及对方身处的场合，在适合的场合开适度的玩笑，在不适合的场合，就会收敛自己的言行。而在一些严肃的场合，遇到再好笑的事情也会克制自己，以免使自己看起来有失庄重。比如当领导讲话、参加追悼会等，这些场合都属于严肃的场合，在这些场合是不适合笑嘻嘻地与别人开玩笑的，这会让人觉得你教养缺失。

　　前美国总统里根就犯过开玩笑不当的错误。在一次国会开会之前，里根总统为了试试麦克风是否好使，张口便说："先生们请注意，5分钟后，我将对苏联进行轰炸。"此话一出，众人皆哗然。

　　要知道国会是一个多么严肃的场合，里根总统作为一国首脑，开这样的玩笑会带来怎样巨大的影响。果不其然，苏联政府为此提出了强烈的抗议，美苏双方的关系因此又冰冷了很长时间。

　　除此之外，开玩笑也要充分考虑玩笑的寓意对方是否能接受，过于恶俗的玩笑，任何人都难以接受，还很可能会引起与你预期目的截然相反的效果。

　　徐亮和洪斌既是同事又是好友，私下里俩人总是嘻嘻哈哈地开些无伤大雅的玩笑。这天，徐亮突然想起今天是愚人节，便想和好友洪斌开个玩笑。脑子灵光一闪,他想到了一个点子,便跑到了洪斌工位前,故作慌张地说:"洪斌,洪斌,快去你老婆单位看看,你老婆在单位出事了!"

洪斌一听就急了,赶紧往妻子的单位打电话,结果弄得他妻子单位的人莫名其妙,电话那头妻子的领导还埋怨洪斌乱讲话。

放下电话后,徐亮开始大笑,边笑边说:"蠢货,今天是愚人节!哈哈哈……"见徐亮越笑越夸张,洪斌顿时大怒,就大骂徐亮说话没轻没重,诅咒他妻子。徐亮却辩解自己不过是开个玩笑。两个人你一句我一句地吵了起来,事后两个人之间有了隔阂,再也做不了朋友了。

对于任何人来说,亲人都是人生中最重要的一部分,不能随便触碰,即便是一些玩笑话,如果过于恶俗,同样会招来对方的厌烦。不能因为关系好就随意拿别人的亲人来开玩笑,开玩笑的时候最好别涉及对方的亲人。

有的时候,你不妨开开自己的玩笑,用自己的"愚蠢"行为来博亲朋好友一笑。就像古龙在《多情剑客无情剑》里说的那样:"笑,就像是香水,不但能令自己芬芳,也能令别人快乐。你若能令别人笑一笑,纵然做做愚蠢的事又有何妨?"

2. 当别人自黑的时候,不要去附和

试想一下,如果别人说:"瞧我这个大胖子,把椅子都坐坏了。"你在一旁不识相地附和道:"可不是,我看你最近没少长

肉。"对方听了会高兴吗？别人的自黑，言外之意是"快来反驳我"，此时如果你不仅不反驳，反倒顺势附和，就显得你情商欠缺。

小敏是公司里最招人喜欢的女孩，这不仅是因为她长得肉肉的，看起来很可爱，更因为她喜欢自黑。她从不避讳自己的胖，总是能变着法儿地调侃自己。

午饭时间，她和几个要好的同事一起吃饭，吃炸酱面的时候，小敏不小心把肉酱溅到了脸上，黑黑的，挺大一块，为了避免尴尬，小敏就说："脸大了，吃面的时候'受酱面积也大'，酱汁都不用瞄准，随便一跳就能跳到我的大脸上。"

小敏的话引来一大片笑声，几个女同事纷纷说："哪有？小敏的脸很可爱好吗？"小敏就在这笑声中赶紧拿出纸巾把脸上的酱汁擦掉。哪想就在女同事们一个劲地夸小敏可爱，帮小敏圆场的时候，一位男同事说话了："小敏啊，脸大就别吃面了呗，一不小心就溅得满脸是酱，完了你还得擦，你看你，擦得妆都花了。"说完还不忘哈哈大笑，顿时满桌子的人都安静了下来，只剩下这个同事在大笑……

小敏的自黑虽然起到了博大家一乐的效果，但她自黑的出发点却并非如此，她自黑是为了缓解自己的尴尬。

大多数时候，别人的自黑虽然有趣，却不是一种真幽默，很可能是出于自我保护的目的或在掩盖自己最在意的事情。这样的事情，只有本人有资格拿出来调侃，你不仅不能随便以此来嘲笑对方，对方在自黑的时候你也不能顺势附和。

就比如你有个女性朋友，身材较为高大，常称自己为女汉子,别人问起她单身的原因时,她总喜欢说:"我至今没有遇到打得过我的男生,打不过我的男生让我没有安全感,所以我就一直单着。"这其实就是在调侃自己的身材,此时如果你接着这个话题说:"是啊,如果每次吵架都被老婆暴揍一顿,是个男人都会崩溃的。"这样说就会让对方很反感,觉得你这个人不懂如何与人沟通,说白了就是情商低。

自黑大都有自我保护的成分,很多女星就深谙此道,通过自黑来回应那些诋毁自己的人。某位女星常被网友嘲讽"脚臭",为此她在圣诞节当天发了一条微博:圣诞老人,你还好吗?暗示圣诞老人在送礼物时是否会被自己的"臭脚"熏到。这种拿别人诋毁自己的话来自黑的行为就是一种自我保护。

我们遇到了别人在自黑,就应该马上意识到对方这是在保护自己,他们最希望听到的声音是别人的"反驳声",此时,你的反驳就是一种善意的保护。如果你不解风情地顺势附和,就相当于摧毁了对方所有的自我保护机制,让对方的弱点充分暴露。这怎能不招人厌烦?

当别人拿自己的胖、黑、矮、丑、穷等缺点自黑时,如果是对方夸大了,我们应该用诚恳的语言来反驳他:"别乱说,你明明是很优秀的,好吗?"如果对方说的确有其事,我们就应该找出对方别的优点,来转移掉他的注意力。

小安因为身材偏瘦,性格爽朗,做起事情来又风风火火的,常被朋友调侃太"爷们"。久而久之,她也就接受了这种调侃方式。但自从有了男朋友之后,她想改变自己以往在别人心目中的形象,开始在意起这样的调侃。

最近一段时间，每次预感到别人会调侃她太过"爷们"时，她都会主动地先调侃自己一番，"姐就是这么有'男友力'"，"姐可是女汉子"。每当这个时候，闺蜜和朋友们总能很快领会到小安的意图，进而开始大夸小安私下里如何如何温柔贤淑。

一次出差，男友送小安到机场。这时同事见小安的男友只帮小安拿了一包零食，一大箱子的衣服仍旧是小安拖着，就想再次调侃一下她。小安见状连忙自黑："我觉得我似乎更适合做男朋友。"哪想，这位同事不解风情，指着小安男友说："那你是想让咱这位老哥做女朋友？"这时，几个人的对话顿时终止了，另一位同事赶紧出来圆场："别看咱们小安做事风风火火，私下里可是出了名地贤惠，你这种'直男'懂啥啊！"

别人自黑不是为了逗乐，只是为了防止"他黑"，读懂这一点很重要，不要在别人自黑的时候去附和，这会显得你情商很低。

3. 一看穿就说破，面子不好过

"人艰不拆"这个四字词语曾在网上大热。它的具体含义是：人生已经如此艰难，有些事情就不要拆穿了。人生中的很多事情即便你心知肚明，也不要急着说穿，因为人心是复杂的，人性是经不起考验的，而人与人之间的关系也远没你想的那样牢不可破。

电影《完美陌生人》中有这样一句台词：也许我们在生活中就要给彼此留些秘密，不要让所有的秘密都曝光出来。就像飞机的黑匣子，只有失事的时候它才会被拆解，在正常飞行的时候，它从不会被提及。这部电影就是从婚姻关系入手来揭露人与人之间关系脆弱的本质。所有关系中最亲密的婚姻关系尚且如此，其他关系更不必多言。

看破不说破的处世之道就是为了维持人与人之间这种浅层次的和谐，就像做生意的人讲究"和气生财"，其实这个原则适用于任何一种人际关系，打破了和谐就很可能落得个两相受损的结局。

大三课余时间十分充足，唐小芙就抽空去了一家大型超市做收银员。有一次一对年轻夫妻抱了一大堆文具过来结账。小芙把商品挨个扫码录入的时候发现书包里似乎有什么东西，她就当着顾客的面打开了书包，果不其然，里面放了一个崭新的笔袋。

这时站在收银台前的年轻夫妇一脸的尴尬，小芙见状就知道笔袋是夫妇俩偷偷放进去妄图逃单的。没有任何社会经验的小芙就把笔袋放在了一边没有结算。年轻妻子见状，就打算借机挽回面子，她责问小芙为什么不把笔袋也结算进去。小芙支支吾吾答不上来，夫妇俩见小芙无言以对就开始进一步为难小芙。

年轻夫妇越说声音越高，引来了其他顾客驻足围观，这时超市经理也赶来了。问清事情原委后经理当众责备了小芙一番，这把小芙彻底激怒了，她愤怒地说："明明就是他们偷的。"这一下引起了年轻夫妇的不满，最后闹来闹去的结果是年轻夫妇要求退货，小芙丢掉了这份兼职。

唐小芙的做法错了吗？没错！但很多事情不是用简单的对与错就可以解决的。虽然小芙的做法没有什么错误，但最终却造成了她本人丢掉了一份兼职、超市损失了一笔收入、年轻夫妻损失名声等一系列负面效应，这对于任何一方来说都是损失。

年轻人总认为自己能看透一些事情，认为把事情的本质揪出来是一种本事。随着涉世越深，经历越多，他们就会改变这个想法。把事情看穿看透的确是一种本事，如果你能管住自己的嘴巴，不把事情点破，则是一种智慧。

可以说，能做到看破不说破的人都是宽容的人。谁能没点小心思？谁能完全克制自己的私欲？容忍了别人的小心思，宽恕了别人的小私欲，就是对别人的一种宽容。相反，如果你看破了，也点破了，不仅会造成一系列的损失，还会让人觉得你这个人不近人情、尖酸刻薄。

一个会说话的人，大都拥有一颗与人为善的心，看穿了别人的那点小心思，看到了人性中的小丑恶，他们会怀着一颗包容的心，把心里的想法扣留在心里。即便是在针锋相对的交谈中，他们也会宁愿自己吃点口头上的亏，也不去深究别人的错误，不去揭露别人的心思。

"名嘴"崔永元在一期节目中问到过一个男嘉宾："你岁数也不小了，为什么还没有考虑婚姻大事？"

男嘉宾回答道："因为呀，我的那些已婚朋友说了，婚姻不仅是爱情的坟墓，还是自由的坟墓。他们都认为结婚没啥意思，不如单身自由，无忧无虑。我也这样认为。"

崔永元问："你朋友都这样跟你说啊？"

男嘉宾答道："是啊，他们都这样说。"

崔永元接着说："看来，你该考虑换一群朋友了。"

崔永元的话说完后，这位男嘉宾和在场的观众都笑了。

既然人与人之间的关系大都只是在维持着一种浅层次的和谐，我们就不要再去考验它，打破它。交往中"看破不说破"既给了别人面子，也给自己留下了后路，让彼此能继续保持和谐的关系，岂不两全其美？

每个人都有底线，大多数关系都是脆弱的，不要贸然挑战别人的底线，也不要随随便便考验感情。做到既心知肚明，又沉默是金、心怀尊重，方显智慧本色。

4. 失意人面前不谈得意事

古人说得好："人生不如意，十之八九。"事业上的停滞、爱情上的失意，人际交往中的困扰，这些事情会让人变得郁郁寡欢，情绪低落。这时，我们大都会找一个关系亲密的人，把胸中的郁闷一吐为快，这是倾诉，更是为了获得对方的安慰与同情。

但这个时候，偏偏有这样一类人，他们在听到别人的苦难时不仅没有表现出丝毫的怜悯，反倒借着这个机会，借着这个话题，说起了自己在同样的方面是如何如何成功，过程又是如何顺风顺水。这无异于给别人的伤疤上撒了一把盐，让人反感。

结婚没多久，关静静的老公就生病住院了。对婚后生活满怀憧憬的关静静还未来得及享受半点甜蜜，就被忧郁包围了。她白天在医院里忙来忙去，到了晚上，回到家又陷入了对未来的恐惧：万一老公的病有后遗症怎么办？万一老公因此而失去劳动能力怎么办？

躺在床上,静静辗转反侧,于是拿起手机用微信和吴倩聊起了自己的近况和担忧,想让这位好闺蜜来安慰一下自己。

可没想到,静静谈到自己的担忧时,吴倩不但没有表示出同情,反倒责问起静静:"当初结婚前怎么不好好查查?"

静静说起自己一个人在医院里无助地忙来忙去时,吴倩说:"这也幸亏是你,如果换成我,可要弄得一塌糊涂了。还好我找了个精明能干,还身强体壮的老公,不然我这日子真是没法儿过。"紧接着吴倩就说起了她和她老公的幸福生活,不光说,她还把自己和老公的合照发过来一大堆。

照片里、吴倩的话语里,处处流露着她的幸福,这让静静很难受。她不想再聊下去了,结束这次聊天之后她就把吴倩"拉黑了"。

春风得意的时候,想把自己的幸福拿出来显摆显摆,炫耀炫耀,这本是人之常情,无可厚非,但我们的炫耀也要分清场合,找对对象。如果对方正处于人生低谷,情绪失落,你的炫耀无异于寒冬中的一场暴风雪,会让对方更加消极。

仔细回忆一下过往的经历,你会发现,在别人失意的时候说得意的事情往往发生在好友之间,而且双方或失意或得意的很可能是同一件事情。对比之下,会产生高下之分,这时,失意的一方心里很可能产生芥蒂,进而导致原本亲密的关系逐渐疏远。

我们要格外注意的是:处于失意期的人,不仅消极,而且内心敏感脆弱。你的炫耀在那些失意的人看来很可能就是一种嘲讽和讥笑,很容易让他们产生不满的情绪,甚至怀恨在心。原本亲密融洽的关系就这样来了个大反转。

人们总说:"关键时候见人品。"如果你在别人失意的时候大谈自己的得意事,这就是典型的不近人情,即便你没有丝毫的恶意,在对方看来,也是"人品差"的表现。聪明的人遇到了别人失意会主动地把话题引向其他方向,不至于给对方造成进一步的伤害。

周末海涛把几个好友约到了家里,想让创业失败情绪低落的王明感受一下集体的温暖,也希望帮他早点走出阴影。几个朋友里恰巧俊杰最近刚升为公司高管,正是春风得意的时候。

近几天一直处于兴奋状态中的俊杰在聚会中没控制好自己的言行,大谈自己的升职之路和自己光明的前景。几个朋友想到王明的事情不由满脸尴尬,不知如何处理这个局面。

这时装作玩手机的海涛突然指着手机说:"哎!哎!哎!过俩月火箭队来中国打比赛了,这报道上说哈登和保罗都会上场啊!我的天!咱一起去看吧!"俊杰听完海涛的话马上意识到自己刚才的言行有些不妥,赶紧圆场,抢过手机说:"来,让我瞧瞧。"

其他几个好友也都纷纷说:"咱们几个一起打球打了七八年,到现在都没到现场看过球,要不干脆一起看一次吧,也圆了咱们几个的青春梦,哈哈!"随后,他们几个的话题就成功地被带到了篮球和往事上,郁郁寡欢的王明也因此而情绪渐渐高涨起来。

当我们春风得意之时,可以炫耀、显摆,但一定要选对场合,选对对象。如果好友正处于人生的低谷期,请把这份炫耀在这位好友面前藏起来,如果可以,请尽量表现得内敛一点,耐着性子去听好友诉说,平心静气地给好友安慰。

5. 别人的伤疤，不能揭

在过往的经历中，每个人都会有一些遗憾的事情，不愿再被人提及，这就像伤口愈合之后结下的伤疤。然而，恰巧就有一些人，说话口无遮拦，总是有意无意地把曾经或心酸或尴尬的往事再次当众提及，这无异于再次撕开别人的伤疤，将给对方带来更大的痛苦。

有人说："前任是道不能揭开的伤疤。"的确，在以前的情感经历中难免会有那么一位深爱过却也深深伤害过你的人，你们在一起的那段时光有温馨，有感动，但对于现在的你来说，留下的更多的是痛苦、难堪。此时，那些往事连同那个名字成了你藏在心里不愿再被人提及的秘密。但偏偏有一些人，总是毫不顾及地多次当着众人的面提出来，让你一次次地难堪，也让你一次次地痛苦。

英俊潇洒，有着一双"大长腿"的李岩在大学的时候就有"校草"的称号，如今的他年少有为，是一家外资公司的高级职员。

一次李岩带着女友冯丽参加了大学同学的聚会。餐桌上酒过三巡，李岩开始和老同学们追忆大学时光，一旁的冯丽饶有兴致地听着。可能是酒精的原因，几个老同学越说越无所顾忌，其中一个就说起了李岩大学时的恋爱史，李岩一听，脸色立马就变了。

原来，大学期间，李岩和一个女孩谈过一场轰动整个校园的恋爱，但大学毕业后女孩嫌李岩家庭条件不够好，转而投向了一个

"富二代"的怀抱。这段感情经历对李岩打击很大，后来虽然时过境迁，李岩有了新的女友，但这段往事仍旧是他最不愿提及的。

没想到，这位老同学借着酒劲说了起来，丝毫没顾及李岩和冯丽的感受。他越说越起劲，从当初那场震惊整个校园的表白说到了校园树林里的花前月下，此时李岩的脸色极其难看，女友冯丽也从尴尬变为气恼。没过多久，冯丽实在无法忍受，一怒之下独自离席而去，李岩见状赶紧去追，本来其乐融融的同学聚会因此不欢而散。

也许从外界的角度来看，别人的难堪往事是一个有趣的谈资，熟人在一起时，拿出来说说笑笑能很好地调动气氛。但你有没有站在当事人的角度想一想？我们认为的有趣其实是建立在当事人的痛苦上的，朋友同事之间不能如此，夫妻恋人之间更加不能如此。

话虽如此，但每次触碰对方禁忌的不是别人，正是身为挚友、恋人的我们。我们在亲密关系中很容易一点一点地丢掉心理戒备，言笑晏晏中越说越开心，越开心就越口无遮拦，最后祸从口出，好友因此而变成了路人，恋人因此而感情破裂。

在亲密关系中，我们尤其要注意，大多数男性自尊心都极强，无论你是他的过命好友还是他的亲密恋人，都不能当众揭他的伤疤。一旦你触碰了他那个禁忌，在极强自尊心的驱使下，他会用失去理智的行为来回应你。

周慧的丈夫是公司里的高层领导之一，走到哪都前呼后拥的，也算是一个体面的人，但向来口无遮拦的周慧却总喜欢把她与老公之间的私生活说给闺蜜好友听。

一个周末的下午，周慧的老公要到公司参加一个重要会议，周慧就召集了几个闺蜜在家里打麻将，几个人边打边聊，不知不觉周慧就说起了她和老公的私生活，从老公睡觉又打呼噜又流口水，说到自己总让老公帮她洗内衣——越说越离谱，在座的几个听得津津有味。

正当周慧说得起劲的时候，她老公回来了，但开门声和脚步声都被笑声所淹没。周慧的老公静静地站在门口听了大半天，越听越愤怒，最后一怒之下摔门而出。这时周慧才反应过来，赶紧起身追了出去……

男人把自己的痛处、自己人生的禁忌告诉好友、恋人，在这些人的面前他充分展示出了真实的自己，这表明了他对他们的信任。如果他们把他这些事情当作谈资来博众人一笑，他除了会难堪愤怒，还会有一种被出卖的感觉，也会因此而对你产生芥蒂。

在亲密关系中，别人的糗事、尴尬事最好不要拿来与外人讨论，私生活里的隐秘事千万不能当众说，过往痛苦的情感经历更像一道还未完全愈合的伤疤，你若触碰，将给对方带来更大的伤害。因此，即便是亲密关系，说话也要有所顾忌，脑子里的想法要经过筛选再吐露出来，这样才能确保亲密关系长期稳定。

6. 能捧场时就不要拆台

一位平时生活非常节俭的朋友突然穿了一双大牌球鞋，别人见了就大夸这双鞋做工如何精细，如何彰显本人的品味，而你劈头盖脸地来了一句:"朋友,你买到假货了!这鞋一看就不像行货,赶紧退货吧!"相信无论是谁都想亲近第一种人。

其实,好朋友是靠互相捧场捧出来的,而不是互相拆台拆出来的。"能捧场就不要拆台"是交友中必不可少的素质。时时捧别人场的人大都与人为善、宽容大度,有着一双善于发现美的眼睛,这样的人自然而然会受到很多人的欢迎。

相反,时时拆别人台的人大都度量狭小、尖酸刻薄,容不得别人比自己强,也见不得别人好。试问,这样的人怎么会受人欢迎呢?适时捧场能给人温暖,比如别人年纪轻轻就开上了价值不菲的车,并以此为傲时,你应该多夸一夸这辆车是如何如何好,如何彰显一个人的身份,而不是解释这辆车哪里经常出问题,哪款车比这款车更好,这种拆台行为很容易激起对方的不满。

闺蜜给单身的东北姑娘刘佳介绍了一个南方小伙,俩人见过面之后,都对对方留下了不错的印象,也都有意愿更加深入地了解对方。但由于平时工作比较忙,他俩大多数时间只能用微信来沟通情感,增进彼此间的了解。

最开始的一段时间,俩人聊得很投机,但随着彼此越来越熟悉,刘佳发现理工科出身的这位南方小伙凡事都喜欢较真,总喜欢拆别人的台。一次,刘佳给对方发了一句"由于东北的昼夜温差比较大",紧接着又来了一句"所以在东北长大的我比较甜"。

谁知刘佳这句非常可爱的话换来的却是冷冰冰的一句:"昼夜温差大,糖分是容易积淀,但也经不住你们东北纬度高啊……"看完这句,满怀失望的刘佳没想到南方小伙又来了一句:"我们南方酸性土壤多,难不成我是碱性人吗?"紧接着就开始给刘佳普及起了南北方气候的差异、南北方民俗的差异……刘佳越听越无趣，就找借口终止了聊天。

之后没过几天，刘佳就放弃了这个小伙。

心理学上习惯于用"建设型人格"和"拆台型人格"来分别描述喜欢捧场和喜欢拆台的人。"拆台型人格"最典型的特征就是：事前装哑巴、事中不配合、事后诸葛亮，这种类型的人最为常见。比如，需要大家提建议的时候，这种人总是一副"我怎么都可以"的嘴脸，真的有人提出了建议，他又会大肆议论，说这不合适那不合适，事后一旦出了问题，他们又会落井下石，说什么"当初要是听我的准没错，现在好了，长记性了吧！"

这种类型的人中，还有一种比较极端的类型。他们从事情开始就表现出种种的不配合，无奈之下，你把事情交由他负责，他又推说："我搞不定。"这样的情形经常发生在聚餐时，众人公推你来点菜，你每点一道，这人都会推翻，无奈之下，你把菜谱递给了他，说："那你点！"这人又说："我点不好，你随便点就行。"

与这样的人交往，时间久了会很疲惫，你反反复复都不知道该以怎样的姿态来迎接他。当然，问题并不出在你身上，无论你怎样调整自己，他总是要拆你的台，可以说拆台已经成了这类人的一种习惯。

真正懂得如何与人更好相处的人都是懂得如何给对方捧场的人。

英子和小唐是老乡，她俩也是一对好闺蜜，别人都很羡慕她俩的感情，总有女孩过来问她们的相处之道，而她俩给出的答复只有一个——互相捧场。

英子最喜欢举的一个例子是当初她卖笋的事。她俩的老家盛产各种各样的春笋，当地也有一道驰名中外的美食——酱烤油焖笋。这道菜因为味道鲜美、保质期长而被当地人做成了一种特产，远销海外。每年春天的时候是卖笋最关键的时期。

春笋上市，英子每天都会在朋友圈里卖笋，而她的闺蜜小唐不仅帮她转发，还时不时地买一点。英子知道小唐打小就不爱吃笋，就问她为什么总买自己的笋。小唐说："我偶尔也吃点，吃不了的我就送别人点，他们都很喜欢吃。再说了，咱俩关系这么好，我帮你转发转发，买一点，也是对你的支持，不是吗？"

人都喜欢接收外界的正面评价，即便是一些言不由衷的话，这就是人的本性。有人说能互相捧场的朋友都是好朋友，互相拆台的都是"坏朋友"。其实互相拆台的何止是"坏朋友"，如果你关键时候拆别人的台，很可能让对方怀恨在心。

7. 不拿别人生理缺陷开玩笑

老话说："当着矮子不说短话。"说的就是不要拿别人的生理缺陷来开玩笑。

有些人会为一些生理上的缺陷而自卑，也常常因这些不足而暗自苦恼，但先天的缺憾往往是不可逆转的。有的时候某些生理缺陷在别人看来是一件"有趣"的事情，比如身材肥胖、说话结巴等，这些都有可能被某些人当做取笑或逗乐的点。也许在别人听来，这样的玩笑话生动有趣，但对当事人来说却是一种非常辛辣的嘲讽。这个时候，别人的玩笑话就成了一种人身攻击。

袁海和陈凯旋是非常要好的朋友，陈凯旋身材高大，袁海却异常瘦小，他常常因此感到自卑，特别是当他和陈凯旋走在一起的时候。

一次，几个好友在一起吃饭，席间还有几个关系十分要好的女性朋友。几个人聊着聊着就说起了女性的择偶标准，其中一位女性提到在女性眼里男人的身高很重要。这位女士刚说完就意识到自己说的话不合适，就赶紧圆场，但陈凯旋却借着酒劲把这个话题接了过来。

他一面赞同这个观点，一面大肆吹嘘自己凭着高大的身材俘获了多少"少女的芳心"，说得起劲了还拿好友袁海作对比："你看我们的海子，难怪总是单身，就是身高的问题。之前海子追一个女生，这女生直截了当地跟海子说'男人太矮没有气质，让女生没有安全感'……"旁边的袁海尴尬不已，脸上一阵红一阵白。尽管当时袁海控制住了自己的情绪，但从此以后他就对陈凯旋产生了防备，俩人的关系因此而日渐疏远。

陈凯旋接过话题的本意是想博众位女士一笑，但这种以伤害袁海为前提的玩笑话显然不能达到他想要的目的。在外人看来，别人的某些生理缺陷虽然"有趣"，但这种趣味却是一种恶俗的趣味，大多数有品位有素质的人不仅不会以此来作为笑料，还会主动抵制这样的玩笑话。这样一来，玩笑话不仅没能起到任何积极的作用，反倒引起了别人的不满。

那些喜欢拿别人生理缺陷开玩笑的人，在别人看来并不是一个有趣的人，这样的行为透露出了这个人教养的缺失和不成熟的心智。但凡一个人心智成熟，有良好的教养，他在开玩笑之前都会顾及玩笑话给别人带来的影响，都会考虑到如果拿别人的生理缺陷开玩笑可能造成的后果，一个恶意的玩笑不仅会让对方难堪，还会对对方造成伤害。

一个真正懂得开玩笑的人，不仅不会拿别人的生理缺陷开玩笑，遇到有人拿别人的生理缺陷开玩笑时还会主动转移话题。技巧高明的人还能将话锋一转，巧妙地将这个恶俗的玩笑话转变为另一个高雅的玩笑。

夏雨是个聪明伶俐的女孩，一次她和闺蜜小晴一起与几个男生聊天。不知怎的，其中一个男生说起了小晴消瘦的身材，还自以为是地说小晴是"2D身材，不够立体"。这引来了几个男生的哄笑。

夏雨听到后马上觉得不对劲，偷偷瞄了小晴一眼，果然，小晴在那里满脸的尴尬。夏雨脑子一转，就说："有篇文章讲到，人身体真正需要的营养比实际摄入的要少很多，像我这种发胖的女孩，很大程度上是因为没管住自己的嘴，就像那篇文章的标题说的那样——'活该你胖，谁让你吃那么多'。"

夏雨的话又引起一阵哄笑，哄笑过后，小晴的尴尬就被冲散了。

拿别人的生理缺陷开玩笑，并不是风趣、幽默的行为，对于被开玩笑的人来说，更像是一种辛辣的讽刺。讽刺的话语总是充满攻击性，其中含有讥笑、轻视、伤害别人的意思。特别是你在讽刺别人生理上的缺陷时，你的讽刺就成了一种纯粹的人身攻击,会对人造成不可估量的伤害。

讽刺如果用在自己的身上,是自嘲,别人会觉得你这个人没有架子,诙谐风趣,容易相处。而如果把讽刺用在别人的生理缺陷上,不仅会激起当事人的不满,还会给其他人留下尖酸刻薄、心胸狭隘的坏印象。

不要妄图拿别人的生理缺陷当笑料来博众人一笑,这并不好笑。

8. 对方说错话,给个台阶下

日常交谈中,谁都难免会说错话,此时说话的人本就很尴尬,如果你不识趣地揪着别人的错误不放,会让别人觉得你这个人修养缺失,素质低下,不通人情。

老总宴请一位重要客户的时候让新来的部门主管郑强作陪。宴席订在某高档酒店里,宴席中,在座的无一不是业内举足轻重的人物,宾主之间把酒言欢,其乐融融。酒过三巡,一个客户将手搭在郑强的肩上,一只手拿着酒杯,略带醉意地说:"五花马,千金裘,呼儿将出换美酒!酒真是个好东西,难怪诗仙杜甫宁愿不穿衣服,不骑马也要这杯中之物。"

听了这位客户的话,其他客户有的哈哈大笑表示说得在理,有的举杯表示应和。在客户身边的郑强却一脸震惊,他跟这位客户说:"您是不是记错了,诗仙什么时候变成了杜甫?"话音刚落,众人的言笑声就终止了,这位客户的脸色更是由晴转阴。

这时候，老总见势头不对，赶紧举杯圆场："管他什么诗仙诗鬼，我们干了这一杯，大家都是酒中仙！"大家纷纷举杯，想把事情一带而过，只有郑强还在那里嘀咕："咱们都成酒中仙了，你让李白去干什么？"老总听了脸色越来越难看……

说话的时候，念错了字，出现了几次语序颠倒，词语发音上出现了错误，这本是再寻常不过的事情，每个人都会经常遇到。只要不是在十分肃穆严谨的场合，这样的口误本无伤大雅，但偏偏有一些人喜欢在别人的口误上大作文章，尽可能弄得众人皆知。

也许这些错误在你看来很好笑，纠正错误的过程很有趣，但你有没有考虑过对方的感受？有没有考虑过其他人的感受？人都是讲面子的，你当着众人的面拿捏着别人一个小小的口误不放，让对方如何下台？这样的行为只会让人觉得你情商太低。

也许你曾多次在某节目上看到主持人之间互相拿对方的口误来开玩笑，你看到这样的笑话每次都能逗乐一大片观众。从此，你就认为这是一种很好的搞怪方式，但是这样的玩笑只能在特定的节目形式中出现，如果你把它带到了我们现实的生活中，我相信，大部分人听到这样的玩笑不仅不会笑，还会对你嗤之以鼻。

遇到别人出现了口误，主动打个圆场，帮对方找个台阶下，不仅对方会感激你，别人也会因此对你产生好感。这不仅是一种说话技巧，也能体现你的情商和道德素养。别人说错了话，难免会有些尴尬，此时你恰如其分地帮对方找到了避免尴尬的方法，这说明你这个人思维灵活，懂得替别人着想。这样的人品，谁见了都会暗暗称赞。

人与人之间的尊重和帮助是相互的，别人在说错话时你给对方找了一个台阶下,对方会因此而对你心生感激,当你遇到窘迫时,相信对方也会竭尽所能帮你化解。由此说来,在别人说错话的时候帮别人圆个场、找个台阶下,也是一种高收益的投资,它能让你收获一段友谊,也能帮你在人生旅途中打开一条路。

一天到了下班时间,公司又照例加起了班,早就心怀不满的姚瑶见总监不在就开始大声地抱怨:"每天都加班,又不给加班费……"

姚瑶的话刚说到这,楼道里就传来了一阵高跟鞋踩在地板上的"咚咚"声,所有人都知道,这是总监特有的脚步声。而办公室里的玻璃又不隔音,姚瑶刚才说的话总监一定听得清清楚楚。想到这里,姚瑶的心一下子提到了嗓子眼。

这时候,公司里的另一个姑娘黄璐赶紧接着姚瑶的话说:"可不是,你说咱们当下属的加加班也就算了,就像你说的,还总连累咱们总监,让人家领导也陪着咱们加班。"姚瑶听黄璐这样说,一颗悬着的心总算掉进了肚子里,她一脸感激地看着黄璐。

从此之后,姚瑶和黄璐就成了公司里的一对好姐妹,工作上互相帮助,这让她俩都减轻了工作压力。

别人说错话的时候,主动地站出来帮别人圆个场,给对方一个台阶下。这与其说是一种智慧,倒不如说是一种为人处世的态度,是一种与人为善的胸怀。生活本就不易,遇到困难了,大家互相帮忙体谅,善良宽容的人到哪都会受到众人的欢迎。

谁都难免说错话,只要不是原则性的错误,我们不妨主动地帮对方找个台阶下。我们善意地对待别人,就是在善意地对待人生,相信这样的善意终将得到善意的回报。

第三章

直言快语易伤人，委婉表达得人心

1. 千万别把"刀子嘴豆腐心"当成一句赞美

　　一些嘴上不讲情面的人最喜欢听的一句话就是"刀子豆腐心",这句话成功地将他们从一个尖酸刻薄的人转变成了一个内心善良但不善表达的人。从此他们挖苦别人时更加肆无忌惮,觉得"反正我是豆腐心,说得难听点没关系"。

　　"刀子嘴豆腐心"并不是一句赞美的话,这句话的重点在"刀子嘴"而不在"豆腐心",后者的存在是为了安慰那些被你恶语中伤的人,而不是为了帮你开脱。因为你"刀子嘴"的背后并不是一颗真的"豆腐心"。佛家说"相由心生",嘴上流露出的语言很多时候就是内心的反映,"刀子嘴"的背后也是一颗"刀子心"。

　　在驾校学车时,小安认识了一个女孩,俩人渐渐熟了以后小安却越来越讨厌这个女孩。

　　一次,小安为了方便练车,穿了一身很朴素的衣服。一到驾校,她发现班里的女孩都打扮得花枝招展的,自己穿成这样反倒有些另类,正当她为此而尴尬的时候,那位女孩过来了,毫不客气地嚷嚷着:"练车又不是下车间,你至于把你妈的工作服穿来吗？"这位女孩的话引起了一阵笑声，小安暗自恼火，但也不能发作，毕竟对方只是说了一句玩笑话。

还有一次休息时，大家讨论起了小安的研究生生活。正当大家说得起劲时，这位女孩突然说道："读书读书，怕是越读越输吧！大学毕业的都开始给家里赚钱了，你还得家里供着。毕业后能有好工作也行啊，工作没工作，男朋友也找不到，老大不小了还得让家里大人操心。"

小安听后脸色一下子就变了。别人看到这种情况赶紧圆场，纷纷说："这位老姐就是嘴巴不饶人，典型的'刀子嘴豆腐心'，你别往心里去哈！"

不可否认，现实中确实有一些内心善良却不善表达的人，就比如当初上大学的时候，校医室里的一位医生就是货真价实的"刀子嘴豆腐心"。新生军训的时候，一个脸色很不好的女孩穿着迷彩服走进了校医室，刚进门就对面前的这位医生说："大夫，麻烦您帮我打一针吧！我特别不舒服。"哪想这位医生没好气地说了句："那么喜欢扎针啊？还是家里很有钱，吃药太便宜，你看不上眼？"女孩身体本就不舒服，听了医生的话一下子没忍住就哭了起来。

这位医生的本意不是如此，他经验丰富，女孩一进门他就知道她是水土不服导致的不舒服，根本就不需要浪费很多钱去打针，简简单单地吃点药就能立马见效。本来这位医生怀着的是一颗典型的"医者仁心"，既不想让病人多花钱、多受罪，又想让病人快点好起来。不得不说的是，这样的人毕竟是少数，大多数人都是在用"刀子嘴豆腐心"来掩盖自己尖酸刻薄的本性。

多数情况，"刀子嘴"和"豆腐心"很难结合在一起，至少在你出口伤人的那一瞬间，你的大脑里有意无意地闪过了一丝邪念。你恶语伤人的那一刹那，你就是一个狭隘偏激的人，你就是一个见不得别人好的人。

其实，"刀子嘴豆腐心"是一种高成本低收益的表达方式，人与人之间的沟通瞬息万变，大多数人只会根据你的表达来理解你的内心，没有几个人愿意去品味你语言背后的深层含义。这就造成了你的良苦用心不仅得不到好的回应，反倒被当成了一种恶意的语言攻击。如果你真的有一颗"豆腐心"，那又何必非用"刀子嘴"来表达呢？温暖的内心用温和的话语表达不是更好吗？

逢年过节，一大家子人聚在一起的时候刘涛总是躲着其他亲戚，单单和舅妈特别亲密，原因就是刘涛的这位舅妈特别会说话。

同样是对她学业及未来的关心，其他的亲戚只会说："女孩读那么多书有什么用，读完博都是老姑娘了，还嫁的出去吗？"而舅妈却说："我这读博的外甥女这么优秀，相信你们班里的男同学也都学识渊博，你是不是可以在学校里谈个对象啊？"

别的亲戚看到刘涛用最新款的苹果手机，会说："女孩越大越会花钱，也不考虑父母供她读书多不容易，非要用那么贵的手机，国产手机不好用吗？"舅妈却说："手机很漂亮啊，来，让舅妈瞧瞧，这么贵的手机，你爸一定不舍得给你买，自己赚钱买的吧！"

刘涛买了这个手机后本就有些内疚，亲戚们的话让她感觉很刺耳，不由产生了一些抵触情绪，而舅妈的一句"你爸一定不舍得给你买"让她羞愧万分，以后消费时不再贪图华贵，而会考虑自己的经济负担。

"刀子嘴豆腐心"并不值得我们去学习和赞扬。温和委婉的话语在任何时候都比尖酸刻薄的语言更受人欢迎。

2. 批评别人前，先检讨自己

对任何人来说，被批评都是一件让人反感的事情，但如果我们能在批评别人之前先深刻地检讨自己，批评就变得不那么让人厌烦，也更容易被对方所接受。

当初著名心理学家戴尔·卡耐基的侄女约瑟芬·卡耐基来到纽约给他做秘书时，约瑟芬才19岁，刚刚高中毕业，几乎没有什么工作经验。

最开始的时候，约瑟芬总在工作中犯错，戴尔·卡耐基就会忍不住痛批她一顿，但让人费解的是，对约瑟芬的批评不仅没有使她变得更好，反倒让她越来越敏感。

一次，约瑟芬又犯错了，戴尔正准备批评她时，突然意识到约瑟芬不过是一名19岁的小姑娘，他不能用自己的标准来要求没有多少工作经验的女孩，更何况自己在19岁时做的事情未必就比她好。坦白地说，现在的约瑟芬要远比19岁的自己更优秀。

想到了这一点，戴尔的态度就缓和了下来，他平心静气地对约瑟芬说："约瑟芬，你犯下了一项重大的错误，但是，天知道，这样的错误我以前也常常犯。判断力这种东西并非与生俱来，这完全来自于经验的积累。更何况现在的你比19岁时的我要优秀得多，我是没有资格批评你的。但是，我可以用我的经验来告诉你怎样做会更好，你说对吗？"

后来，每当约瑟芬犯错戴尔都会这样说，渐渐地，约瑟芬犯错误的频率越来越低，没过几年，她就成了苏伊士以西最为干练的秘书之一。

批评别人的时候，如果我们上来一句："你怎么能犯这样低级的错误，这是你应该有的表现吗？"这很容易造成一个针锋相对的局面。如果我们这样说："事情发生了，错误也不全在你一个人身上，我也需要承担一部分责任，但我觉得这不是你的水平啊，你完全可以表现得更优秀，不是吗？下次遇到了这样的状况，咱们俩都注意，多沟通，争取不再犯同样的错误，好吗？"这样是不是更容易让人接受一点呢？

批评之所以会让人难以接受就是因为我们在批评别人时常常是站在与对方完全对立的立场上。作为批评者的我们总想以一种压倒性的优势完全制服对方，所以，我们在批评时总是言辞激烈、表情严肃、不近人情。错就错在这里，这样的批评方式不仅不会让对方接受，还很容易引起对方的抵触情绪，此时对方心里不服气，我们的批评再严厉也是白搭。

此外，我们在批评别人时大都情绪波动较为明显。在这样的情绪中我们很难把控好自己的言辞，一不留神，对事不对人的批评就变成了对人不对事的指责。

而批评别人前先自我检讨就很好地解决了以上这两个难题。比如，"这件事错不全在你，我也有责任"，这就把批评者和被批评者放到了同样的立场上，双方也就不会再出现针锋相对的局面。与此同时，剧烈波动的情绪也得到了缓解，此时再展开批评，也能更好地控制自己的言辞。

特别是当你身处高位的时候，这种先检讨自己的方式能给你带来更大的收益：一方面，对方会因为你的自我批评而内疚，进而引发对方去真心实意地检讨自己；另一方面，身居高位的你放低自己的身份与犯错误者站在一起，这将使你在下属的心目中树立起一个亲民的形象。最重要的是，这种批评方式能让错误得到更好、更及时的纠正。

某公司有一位主管，每当他发现有人工作态度欠佳，或者在工作中错误频发时，他都会在下班后把那个员工叫到办公室，然后亲切地问他："最近工作有没有什么困难啊？我平时工作忙，对你们关心少，希望你们不要介意。这次出现了问题可能是我平时过于疏忽，没有及时提醒大家。以后有什么问题，你尽管跟我说，不管是工作上的还是生活上的，我都尽量帮你解决！"

主管说完，那位员工早已羞红了脸，他非常诚恳地和主管交代了事情的原因，并诚挚地向主管道歉。经过这样一番谈话的员工在以后的工作中往往表现得更优秀，犯错的概率也大幅度降低。

错误发生了，责任每个人都有，只不过有的人负直接责任，有的人负间接责任，千万不要把责任全让某一个人承担，既然你有权力批评别人，那么你的责任一定不比对方小。批评别人之前先自我检讨，懂得分担责任的批评者才是一个合格的批评者。

3. 先肯定对方的观点，再提出自己的观点

在日常沟通中，最不讨人喜欢的就是那些总喜欢唱反调的人。但在一些事情上出现分歧本是极为正常的，那么如何能既表达自己的观点，又不至于因"唱反调"而引起别人的不满呢？

《非诚勿扰》的一期节目中出现过这样一位男嘉宾，这位男士极其崇尚节俭，自我介绍的时候，他说："我已经有五年没买过衣服了，几乎每天都吃馒头咸菜。工资虽然不少，但我觉得钱这东西还是能不花就不花，我打算把攒下来的钱用来买房子，希望能有愿意跟我过节俭生活的女嘉宾出现！"

这位男嘉宾的话立马引起了女嘉宾们的反感，几位能言善道的女嘉宾忍不住开始吐槽这位男嘉宾的行为，男嘉宾处境极为尴尬。这时，主持人孟非说话了："我来说两句，男嘉宾，勤俭节约是我们中华民族的传统美德，这没错，你能有这样的习惯也很不容易，胜过那些每天铺张浪费的年轻人，值得我们学习。"

然后，孟非话锋一转："可生活不是一个火坑啊，不能觉得在里面受够了罪就能爬出来，我认为生活应该活好每一天，不能为了钱把自己当机器，也不能为了攒钱连菜都舍不得买，这样对身体也不好啊，是不是？再说了，钱不是省出来的，该花的钱就

得花，让自己每天开开心心，让自己的女朋友也高高兴兴，这就是最好的生活嘛。"

听了孟非的话，男嘉宾默默地点了点头，表示自己之前的做法确实有些过分了。

在人和人的沟通中，出现了不一致的意见，我们都想让对方接受自己的观点。为了说服对方，我们不可避免地要否定对方的观点，但如果你一开始就否定别人，很容易激起对方的抵触情绪，结果往往也适得其反。

为了能够更好地说服对方，让对方真心诚意地接受我们的观点，最合理的方式就是先肯定对方，比如说"我赞同你的观点""我觉得你的想法很棒，角度很新颖"，这样的表达方式能在很大程度上消除对方的抵触情绪。这时，你可以试着提出自己的看法："我也有一些想法，你听听看……"这样，你的观点就可以很好地表达出来，这也提升了对方接受你观点的可能性。

合理表达自己观点的方式就应该是这样：先跟后驳。先跟着对方的话语一步步地引导对方表达出自己更深层次的观点和意图，再心平气和地站在对方的角度进行梳理，肯定。对方会因此一点一点地放下所有的戒备，逐渐由情绪波动转变为情绪稳定，你的"跟"起到了安抚的效果。紧接着你就可以在一种"没有对立"的状态下进行挑战，这其实是沟通的最佳状态。

出现分歧的时候，先赞同、肯定对方的观点也是交往中的一种礼貌。如果你开门见山地对别人进行否定，别人就会认为你这人很没有教养，觉得你这人不是来讨论问题的，是专门来找茬的，最终你不仅没能说服对方，反倒引起对方对你的不满。

著名女作家谌容曾应邀访问美国。一次，她在一所大学做演讲，在提问环节，突然站出来一个记者，问了一个很尖锐的问题："听说您至今仍不是中共党员，请问您对中国共产党的私人感情如何？"

谌容笑了笑，答道："你的情报很准确，也说得很对，我目前的确还不是中国共产党党员。但是，我的丈夫是个老共产党员，而我们共同生活了几十年，尚未有感情破裂的迹象，由此可见我同中国共产党的感情有多深！"

记者听后不好意思地笑了，现场众人紧绷的神经也都因此而放松了下来。

意见不一致的时候，各自表达的观点本身就带有反驳对方的意味，这时如果再直截了当地以"不！你说的不对！""不是那样的！"为开头，就很容易把双方放在一个彻彻底底的对立面上，双方很可能因此而发生争吵，最终场面失控。

表达自己的观点之前先赞同别人的观点，这既是对别人的尊重，是一种礼貌，也是交往中的一种说话技巧。不管你是在职场中还是朋友之间，不管你面对的是高你一级的领导，还是低你一级的下属，或是平级平辈的同事朋友，这样的做法都能让你们之间的沟通处于一种融洽的氛围中，问题会因此而得到更好的解决。

4. 用幽默的方式表达自己的不满

有人说:"幽默的本质就是智力过剩。"

著名学者林语堂先生曾应邀参加某校的毕业典礼,典礼上,到场嘉宾一个个口若悬河滔滔不绝,轮到他发言时已经快到午饭的时间了,于是他说:"在座的朋友们、同学们,绅士讲话就应该像女人的裙子,越短越好!"

林语堂先生的话引起了哄堂大笑,暗讽了让他不满的那些人。

一般情况下,表达不满很容易引起别人的反感,但如果你能把自己的不满包上幽默的外衣,效果就会大不一样。

几个穷人应邀到一位富足朋友家做客,富足朋友家的招待看不起主人的这几位穷人朋友,仅仅拿出一小瓶米酒来招待客人。不仅如此,招待在给这几位穷人宾客倒酒时,酒也仅仅只盖过杯底。

其中的一位穷人朋友心生不满,就把招待叫来,要求招待拿一把锯子过来。招待不解地问:"宴会上要用到锯子吗?"这位穷人宾客说:"本来是用不着的,我觉得这杯子太长了,还是锯掉一截更好。"招待听后满脸尴尬,赶紧给这几位穷人朋友把酒斟得满满的。

宴会散场的时候,又有一位穷人宾客把招待叫了过来,说:"我恳求您狠狠地扇我几个耳光。"招待十分不解:"我为什么要打您耳光呢？"穷人宾客说："为的是让我的老婆看见我两腮通红，以为我吃饱喝足了。"

招待听后满脸通红，赶紧重新准备宴席，来招待这几位穷人宾客。

表达不满本来是一种有着攻击意味的行为，稍不留神就能引发冲突。以幽默的方式来表达自己的不满，就是为了减弱"不满"的攻击性，进而避免冲突。

美国作家赫伯·特鲁在《幽默的人生》中讲了这样一个故事：某人整天在家里听唱片，声音放得很大，以至于影响到了邻居。一次，一位忍无可忍的邻居拿着斧头敲响了此人的家门，说："我是来修理你的唱片机的。"

表达不满并不是一种纯粹的攻击行为，一般情况下它都是带着一定目的性：我们希望用自己的不满来引起别人的注意，进而促使别人改变自己的某种行为。这时候，"不满"就成了一把攻击性极强的武器，如果你直言快语地向对方表达不满，不仅达不到想要的效果，反倒会激起对方的逆反情绪。

在表达不满时，很容易把对方置身于一种极其尴尬的境地。但如果你能用幽默的语言或行为来"钝化"你的不满，使它看起来不那么具有攻击性，尴尬就会瞬间被打破，对方会更愿意接受，你的目的也会因此而更容易达到。

冯骥才出访美国，一个和他非常要好的华人朋友前来登门拜访他，双方相谈甚欢。但他一转身却看到朋友的孩子穿着鞋在他洁白的床单上又蹦又跳，几个脏脚印在洁白的床单上清晰可见。

这让冯骥才很不舒服，但他又看到朋友也是满脸尴尬，不知如何是好。这时,冯骥才灵机一动,对孩子的父亲说:"请让孩子回到地球上来吧。"朋友听后哈哈一笑,尴尬的气氛顿时消散。

由此可见,幽默的批评大都不是直接的,它往往会以间接、隐晦的方式来表达,它可以是幽默的语言,比如某个餐厅里来了一位挑剔的客人,她只点了一份煎蛋,却提出了很多要求:蛋白要全熟,蛋黄要全生,还必须能流动。煎的时候不要放太多油,盐要少放,加点胡椒。还有,一定是乡下母鸡生的新鲜蛋。心生不满的服务生这时来上一句:"那这只母鸡可以有两个男朋友吗?"会立马缓解双方对峙的气氛。

还可以是一些搞怪的动作。网上曾流传出一个讽刺薯片包装内充气太多的视频,视频中主角撕开薯片包装的那一刻立马眯起眼睛,脑袋后仰,以表示薯片包装内气体过多,甚至都吹得他睁不开眼,脑袋后仰了。

大多数情况下,我们没必要用直言快语的方式来表达自己的不满,这很容易给人留下尖酸刻薄的形象。表达不满的时候幽默一点,婉转一点,会更容易引起别人的共鸣,对方也能更好地接受你的提议。

5. 绕个圈子,拒绝朋友的不合理请求

心理学家把那些始终以友善待人作为唯一行为准则,并因此受尽委屈的人称为"圣母型人格"。没错,"圣母型人格"说的

就是从不拒绝别人要求的你。

对于这样的人来说，拒绝还不是最难的事情。最让他们感到苦恼的是好朋友提出的一些不合理请求，从不懂拒绝的他们这下犯了难，接受吧，自己无力应对，拒绝吧，又开不了口，犹犹豫豫中，要么被迫答应，最终把事情搞砸，要么生硬拒绝，好友从此变路人。

其实拒绝别人并不难，难的是以不让对方感到失望，不影响彼此间感情为基础的拒绝。有的时候，你明知道对方提出的要求不合理，却因为顾及你们之间深厚的友谊，始终不知该怎样去回绝朋友的提议，这时，你最好绕个圈子，不要让你的拒绝直来直去。

陈航夫妻去年双双丢掉了工作，年后俩人在银行贷了点款做起了小买卖。两个人起早贪黑，小店经营得有模有样，很快就有了稳定的收入。

这时，陈航的发小刘帆听说陈航做买卖赚了钱，就打算找陈航借点钱。刘帆是个游手好闲的无赖，平时不好好工作，手里一有点钱就全扔到了麻将桌上。这次他之所以会找陈航借钱就是因为在麻将桌上欠了一屁股债。

刘帆来到陈航的店里后，陈航马上就意识到这位发小是来借钱的。果不其然，俩人还没寒暄两句，刘帆就说了："我最近想买辆面包车拉客赚点钱，可手里钱不够，想来你这借点，过几个月就还你，不多，就五千块。"陈航这时已经想出了应对之法，便说："好！不过你要等段时间，等我把银行到期的贷款还了就借你，贷款可拖不起啊。"

刘帆听陈航这样说，也就没再纠缠，自行离开了。

绕个圈再拒绝别人不是说让你找各种各样的理由来推脱，这样只会让对方认为你根本不想帮助他，而是需要你把切切实实的困难搬出来，困难不用多，一个有足够说服力的理由即可。

在搬出这个困难之前你最好以"答应"的口吻开口，就比如陈航的那个"好"字，这能稳定对方的情绪，也能使你的拒绝不那么直接和突兀。

除此之外，在实际生活中，我们还会经常性地遇到一些暗示性的求助。比如，当你突然收到"最近在忙什么呀？""有没有时间啊？"这样的问候时就要注意了，对方很可能是在投石问路。

对这种暗示性的求助，我们不能直接挑明，更不能直言拒绝。暗示性的求助还要用暗示的拒绝来应对。当对方打来电话问你"忙不忙"，紧接着就开始吐苦水的时候，你就应该马上意识到这是要向你求助，如果恰巧对方的要求不合理，你也别急着直接拒绝，电话这头的你可以请旁边的人来配合你"演戏"，以此来营造出一种"你很忙"的假象。这时，大多数人都会识趣地终止自己的求助，尴尬就在不知不觉中散去了。

婉拒别人最关键的是降低对方的失望感，从这个角度出发，如果你能在拒绝别人的同时给出解决问题的方案，这样的拒绝才是最完美的拒绝。

耿亮是某大型私营企业的人事主管，公司所有部门用人都要通过耿亮。耿亮的同学晓波知道耿亮公司的企划部门一直在招人，他就毛遂自荐，想到耿亮的公司来工作。企划部门虽然缺人，但公司内的用人制度是非常严格的，并不是随便招人，也不是耿亮说用谁就用谁。

面对晓波的这个要求，耿亮没有直接拒绝，而是让他带着简历来面试，面试的结果在耿亮意料之中，晓波的条件不符合公司的用人标准。这时，晓波打来电话请耿亮跟领导打声招呼，通融通融。企划部门的工作很关键，耿亮不想因为自己的原因而给公司带来损失。

后来，耿亮打电话给晓波，说："我记得你是学平面设计的啊，怎么想转行了？我认识一家知名设计公司的老总，我把你推荐过去吧？那家公司的待遇可比我们这儿强多了！"晓波在耿亮的推荐下顺利进入知名设计公司，最近正想着如何感谢一下帮他引荐的耿亮。

有的时候，拒绝别人之所以会伤害到你们彼此之间的感情，很可能就是因为你的回绝过于直接、生硬，给对方的心灵造成了伤害。要知道，对方在提出要求时内心是最敏感的。让你的拒绝转个圈，不那么直接，如果可以的话，最好在拒绝好友的同时帮对方指出具体的出路，这样，你的拒绝会变得很柔和。

6. 如何让对方不失体面地收回"爱"

面对不爱之人的示爱，最正确的方式就是拒绝，一切不以恋爱为目的的拖延都是一种暧昧的流氓行为。但直接拒绝很容易让对方尴尬不已，搞不好双方很可能因此而反目。由此可见，拒绝别人的示爱也需要一些技巧。

由于男人和女人在思维模式上天生就存在着差异，在拒绝别人示爱的过程中也会出现不同的状况。女人与生俱来的同情心往往会导致她们的拒绝过于乏力，从而达不到想要的效果。男生则不然，粗线条的思维往往导致男生的拒绝"用力过猛"，给原本就柔弱的女生带来严重的心理创伤。

前段时间闺蜜给茜茜介绍了一个男孩郭嵩，俩人第一次见面约在了一家特色餐馆。餐桌上，郭嵩滔滔不绝地讲述着自己的经历：知名院校毕业，毕业后又去外国进修，现在开了一家翻译公司，收入颇丰。说话的时候郭嵩就把他的豪车钥匙放在旁边一个显眼的地方，还有意无意地把自己的名表展现给茜茜看。这些行为引来茜茜的一阵反感，就餐期间，郭嵩的日式礼貌也让茜茜很不习惯。

晚上到家后不久，郭嵩就给茜茜打来了电话，表示对茜茜很满意，想确立恋人关系，想征求茜茜的意见。茜茜回答道："你很优秀，而我不过是一个普通的女孩，你应该找一个更好的！"

面对这样的拒绝郭嵩不以为然，他坚持双方应该多熟悉熟悉对方，他相信时间久了，茜茜会爱上那个"真正的"自己，从此以后就开始不断地献殷勤，这让茜茜很苦恼。

专家指出，在男女恋爱关系确定之前，男人大都持一种过于乐观的心态，这种时候，他们对拒绝十分不敏感。"你很优秀，你应该找一个更好的。"这一类拒绝在对方看来还有继续下去的希望，他们会认为"你认为我优秀，就说明对我印象不赖，我还是很有希望的。"从此,这个男人就像一只挥之不去的苍蝇,让你逐渐生厌。

同样的场景,换成男人拒绝女性朋友的示爱就会呈现出另一个问题。在恋爱关系确立之前,女人大都会陷入一种莫名其妙的自卑中,"我这么胖,他会不会不喜欢胖女孩呀?""看他的样子就知道他喜欢温柔乖巧型的,我这暴脾气他一定无法接受。"很多时候,女人越担心什么,就越容易被男生直言提出来,对方会说:"对不起,我觉得我更喜欢瘦一点的女孩。""我觉得咱俩性格不太搭,我可能更适合温柔一点的女孩。"

这样的拒绝会给女人带来巨大的心理创伤,甚至有可能留下心理阴影。

薇薇喜欢上了一位早她一个月到公司的男同事。

当初她刚进公司,什么都不懂,感觉每个人都很冷漠,唯独这位男同事例外。有的时候她遇到了什么不懂的,都向这位男生求助,男生总是耐着性子帮她一一解答。与薇薇的缓慢进步不同,这位男生一直都在快速地进步着,很快就受到了领导的重用,这又让她好感大增。

上个月的月底,整个公司的员工都开始疯狂地加班。一次,男生叫外卖时见薇薇还没吃东西就帮她多叫了一份。此后每次加班叫外卖他都会拉薇薇一起来凑单,每次还都会问清楚薇薇的忌口。

薇薇就此对男生产生了爱意,她以为总是帮助她的这位男生一定也对她有好感。于是她鼓起勇气,第一次向一个男生主动告白,这让男生不知所措,对方反复解释自己没有谈恋爱的打算,自己性格太硬……但越解释薇薇就越难受,她开始怀疑自己是不是不够漂亮?身材不够好?性子不够温柔?

如果一个女人主动向男人告白,可以说这个女人已经彻彻底底地爱上了这位男士。在这个阶段里,女人大都处于一种严重的患得患失中。此时,男方任何一句不够积极的话语都可能让女方情绪低落,如果男方再以种种原因拒绝,天生就爱胡思乱想的女人此时就相当于处在一场毁天灭地的灾难中。

大多数人都认为,恋爱中男人的自尊心很强,但女人又何尝不是。男人的自尊心是社交性质的,只要不在公众场合公然挑衅就可以,女人则不然,女人的自尊心是私密性质的,这是一种内在的自尊。男人的拒绝会在她们的心中留下巨大的创伤。

女人拒绝男人"先奉承,后拒绝","你很优秀,但我觉得咱们俩不合适",奉承要到位,拒绝要明确,不给对方留下任何希望。但男人对女人的拒绝就不能这样,男人在拒绝女人时一定要把所有的原因都归结在自己身上,"我有女朋友了。""我在追别的女生。""不是你的原因,是我自己的原因。""我是独身主义者,目前把事业放在第一位。"

男女的天性不一样,拒绝的方式也要有差别,合理的拒绝永远都是既不给对方纠缠下去的希望,又不会伤害到对方。

7. 曲径通幽，有意见要绕着说

在给别人提建议的时候，很多人会把注意力放在建议上，认为只要建议正确实用，对方就会接受，所以他们一开口就是："你这样做不太好，应该如何如何……"这样的提建议方式很容易使对方感到厌烦，提建议的时候除了建议要正确实用，提建议的方法也很重要。

李明成是个才华横溢的"海归"，在国外有着极其丰富的工作经验，这让他刚一回国就成了很多企业竞相追逐的热门人才。经过一番筛选，李明成最终选择在一家大型国企内供职。他本想在新的平台上大干一场，但令他始料未及的是自己在单位里竟然处处掣肘，这让他很苦恼。

原来，李明成虽然能干，却有一个致命的缺点——说话太直接。特别是在向别人提建议的时候，他总是直言不讳地说："你应该这样做……"这样的行为不仅发生在他与下属和同事的对话中，有的时候他甚至还会用同样的口吻向领导提建议。

久而久之，同事和下属们都觉得李明成爱出风头，总喜欢通过贬低别人来抬高自己。而在领导眼里，他是一个自高自大，目空一切的年轻人。他因此在单位里越来越不受欢迎。好友多次暗示他应该调整一下自己的说话方式，他不但不听劝，反倒理直气壮地说："我都是真心为他们好，事后也都证明我的意见是正确的，难道不应该是他们反过来感谢我吗？"

也许提意见的实质就是"否定——说教"，但这种沟通模式打破了双方沟通的平衡，提建议的一方明显要高出被建议的一方。现在的人平等观念越来越强，自我意识越来越突出，谁都不愿意承认自己比别人差，直接向别人提建议难免会引起别人的反感。

朋友、同事之间，如果你直截了当地向对方提建议，话语中往往带有命令的意味，很容易让别人觉得你在"居高临下"地跟他交流。此时，对方的注意力就不在你提出的建议上了，而是在你的说话方式和态度上，对方会产生这样的想法："就显出你的优秀了？""都是同事朋友，你凭什么命令我，指挥我？"这不仅阻碍了你的建议被对方接受，这种不平等的交流方式还会影响到你们之间的感情。

在组织内部，如果你用"否定——说教"的方式向领导提建议，这就相当于在挑战领导的权威，这种行为是职场中的禁忌。

客观来说，提建议是一种善意的行为，你能向对方提出一些好的建议，说明你站在了对方的角度去考虑问题，并且在真心诚意地帮助对方。这样的行为本应该成为人际关系的调和剂，促使彼此之间更为和睦，事情坏就坏在了你直言提议时的"居高临下"上。

不管对方是谁，他们社会地位是高是低，我们提建议的时候都应该放低自己的位置，婉转一点，用疑问而不是肯定的语气来表达，含蓄地把自己的建议提出来。提建议的时候以"我听别人说这样做挺好的，要不你试试？""咱们这样试试看。""咱们这样想……"这一类的方式开头，用商量的口吻来提建议，对方会更容易接受。

《超级演说家》的一期节目中出现过一个演讲非常怪异的男选手，这位选手的演讲实力不强，只是通过一个又一个的笑话来博取观众的掌声，还时不时地做出一些夸张滑稽的动作。

原来这位男选手曾在美国学过很长一段时间的脱口秀，一站在舞台上就用起了脱口秀的表演方式，但这是一档演讲类节目，他的这种表演方式明显与该节目不搭。

男选手演讲结束后，作为评委的鲁豫开始了点评，她说："你可能学过很长时间的脱口秀，我想说几点建议，你说可以吗？"男选手连忙点头，鲁豫接着说："是这样，演讲和脱口秀有一些差别，脱口秀讲究不断地爆点，而演讲讲究的是连贯性，逻辑性。一个合格的演讲是一个连贯的表演，肢体语言可以有，但不宜过多，如果你的动作太多了，观众会因此而忽略你的演讲内容……"

男选手听过之后没有进行任何反驳，不住点头，最后诚挚地感谢了鲁豫对他的点评。

"商量"要比"命令"更容易让别人接受，如果你真心诚意地想让对方接受你的建议，不妨采用商量的口吻，委婉地把建议提出来，这样做更能帮你达到目的。

8. 绕个圈子，学会有艺术地说"不"

有的时候拒绝泛泛之交提出的要求也很让我们头疼。双方的交情本就只停留在一个浅层次的友好之上，对方提出要求之前一定是经过了反复的思想斗争，也可以说他是在逼不得已的情形下向你提出要求的，你的拒绝很可能会打破这种表面的友好。

因此，当我们面对一些交情不深的人提出的要求时，更多的时候会"不好意思"拒绝。对于对方提出的要求，大多数人的内心其实是抵触的，有着难以表明的苦衷，但"不好意思拒绝"的心理让人犹犹豫豫、吞吞吐吐，拒绝的话明明已经到了嘴边，却欲言又止。最后无论拒绝与否，都不会给对方留下好的印象。

如果犹豫之后拒绝了，对方会认为你的犹豫是在找借口，双方仅存的一点情谊会因此而破灭。如果最终接受了，对于自己则是一种折磨。

林宇在一家服装店挑选衬衫，店员是他高中的一个同学，他挑来挑去只看上一件，这件衬衫虽然做工款式都很棒，但它的价格超出了林宇的预算。想来想去他还是决定再转转其他家，但又顾及老同学的感受，他迟迟不好意思拒绝。

老同学一边说他穿上这件衬衫如何如何精神，一边还不忘帮他量尺寸、试大小，说着说着，还把林宇最合身的那个型号包了起来，然后随手塞到了林宇手里。林宇这时更是一脸苦笑，不知该怎么办,最后在老同学的"劝说"下还是忍痛把钱给付了。

其实,在面对这些泛泛之交提出的要求时,你完全没有必要顾虑太多,如果对方提出的要求确实已经超出了你的接受范围,你就应该拿出真实的理由断然拒绝。或许你认为你的拒绝会伤害到对方的情面,其实不然,只要你的拒绝坦然大方,态度明朗,不仅不会伤害到对方,反倒会让对方对你更加尊敬。

但碍于情面,你的拒绝不能太过直接,在拒绝这些人提出的要求时,最好能绕一个圈子,艺术地把"不"字说出来。

这种情况下,拿别人当"挡箭牌",把自己置身事外,是一种非常巧妙的婉拒方式。就比如公司一位关系一般的同事非要拉你去喝酒,你可以说:"哎呀!真是不巧,今天家里来客人了,我和我老婆都得在家接待,咱们改天喝吧!"

有一个球星在国际上非常出名,他和球队的合同到期后正在找下一个东家。在此期间他来到了另一个国家,他在这个国家也同样很受欢迎,球迷们自发组织了盛大的欢迎仪式迎接他的到来,就在这个欢迎仪式上,一位记者提出了一个尖锐的问题:"请问您是否愿意留在本国,加盟一支当地的球队呢?"

球星想了想,巧妙地回答道:"我很喜欢这个地方,这次来这里真觉得不枉此行。非常感谢大家对我的支持和热爱,可是家庭对我来说太重要了,我有三个孩子,年龄还非常小,远离他们让我这个做父亲的难以忍受。况且,我得和我的经纪人兼老板商量后才能做这个决定。我不会拒绝一切好机会,但我要认真地考虑一下,所以这个时候我不能给出任何承诺。"

这位球星的话就是拿别人当了自己的"挡箭牌",他知道自己如果断然拒绝,一定会伤到这里无数球迷的心,而如果把亲情拿出来,特别是当他说自己还有三个幼小的孩子时,球迷们失望的心会由此而转变为一种深深的同情。把经纪人抬出来又表示了他认真思考过了这个问题,最后这位球星还聪明地补上了一句"我不会拒绝一切好机会",种种招数之下,球迷不仅不会失望,反倒会被球星的个人魅力折服。

另外,在与那些泛泛之交相处时有一个重要的原则——凡事不说破。我们可以利用这个原则通过"拖延接受"来隐晦地表达出我们的拒绝。

贺金星和吴坤是战友,俩人从部队复员后,贺金星做了一名机械厂的工人,吴坤则回村里做回了农民。多年来两人虽然偶尔还有联系,但关系却早已大不如前。吴坤儿子高中毕业找不到工作,就想起了老战友贺金星,如今的贺金星已经是厂子里的主任,吴坤就想让老战友把儿子安排到他的厂子里。

经过私下里的一番了解,贺金星得知老战友吴坤的这个儿子是个品性不端正的年轻人,这孩子上学期间屡次打架斗殴,临近毕业还因为打架被关进了拘留所,最后毕业证也没拿到。

为了厂子考虑,贺金星只能拒绝吴坤的请求,但碍于老战友的情面他又不能直言拒绝,于是他给老战友打了一通电话,他说:"这个事情我帮你问问,这事我一个人决定不了,回头我跟厂里其他领导商量商量再给你答复,行吗?"吴坤听对方这么说,马上知道了对方的言外之意,也就没再强求。

对泛泛之交的拒绝一定要把握好这种特殊交情的特点，拒绝时给对方充分的理由，不让对方过于难堪，这就是委婉说"不"的关键之处。

9. "逐客令"下得美妙动听，才不失礼貌

对于任何人来说，"请"别人离开自己的家都是一件很难为情的事情，即便是在这里用文字表达，也不好直接写成"让他走"，而会委婉地用"下逐客令""请他离开"来表达。这其中的尴尬可想而知。

不管我们的动机如何，在对方看来，只要是"下逐客令"，就代表着不欢迎，这样的行为不光让被"下逐客令"的人难堪，就连"下逐客令"的本人也好受不到哪里去。"下逐客令"十有八九会引起对方的反感，稍不留神，就会弄得双方从此"老死不相往来"。

我们常常听到这样的事情：某人在朋友家闲坐迟迟不肯离去，到了应该休息的时间也没有起身离开的意思，朋友最后终于忍不住下了"逐客令"。谁知，这人以为朋友不欢迎他的到来，从此再也没踏进朋友家半步；某人到亲戚家寄居，很长时间之后仍旧没有离开的意思，亲戚忍无可忍之后还是委婉地下了"逐客令"，被此人理解为亲戚小气，不欢迎自己，从此两家反目，不再来往……

赵彦希是北京人，在南方城市读大学，毕业后他回到了北京工作。刚毕业那段时间同学们都在找工作，不少大学同学都选择来北京闯荡，偶尔几个关系不错的同学到了北京，他还会把他们邀请到家里，盛情款待一番。

前段时间，赵彦希大学里关系最铁的翟元也来北京找工作了。初到北京的翟元身上没多少钱，在北京也没有别的亲戚朋友，赵彦希就让翟元先住在自己家里，等他找到了工作，稳定下来再帮他一起找房子。

最开始的一周里，翟元表现得非常好，每天早早地起来去面试，出门之前也会很热情地跟赵彦希的父母打招呼，晚上也会早早回家。但一周过后，翟元迟迟没有找到满意的工作，就有点懈怠了，一大早出门后往往就没了音信，晚上也迟迟不回，好几次深夜回来，还带着一身的酒气，弄得赵彦希一家都休息不好。

翟元的行为影响到了赵彦希一家子的正常生活，况且他在赵彦希家里已经住了将近一个月了。赵彦希想劝他自己租个房子，但碍于朋友情谊又不知该如何开口。

或是朋友，或是亲戚，或是暂留闲坐，或是长期寄居，只要对方影响到了我们的正常生活，我们就应该劝他尽早离开。如果对方不但没有意识到自己的不对，反倒怪罪我们不顾情面。这时便错不在我们了，我们更没必要因此而自责。

但出现这样的局面，我们也要承担一部分责任，我们错在没有用更好的方式来委婉地下达"逐客令"，既保留情面，又达到了劝对方离开的目的。

下面的这些方法能帮你很好地解决这个问题,帮你委婉而不失优雅地劝对方离开:

(1) 试探对方对未来的打算

如果对方是你的亲戚或挚友,在你家常住之后久久没有离开的打算。你可以在闲下来时问问对方对未来的打算,"你以后想留在这个城市吗?""在这边玩过之后你有什么打算?留下来找工作,还是回家就业?"把你们的话题尽量扯到未来的规划上,这会让他自然而然地联想到自己已经寄居良久,不方便再多打扰。

(2) 借口亲人来住

如果寄居在你家的是一位朋友,劝他离开时可以委婉地告诉他过几天自己的某位亲戚要搬过来借住几天,而家里地方有限,住不下太多的人。谁都明白血浓于水的道理,亲戚来了,当朋友的自然要让一让了。

(3) 借口要出门

如果你的客人只是在你家闲坐,你可以找个突然要出门的借口,顺势把对方"劝退"。如果你根本就不想让这个人来你家做客,当对方敲门的时候你就可以找来一件衣服,装作要出门的样子,一脸遗憾地和对方说:"哎呀,真不巧,我刚打算出门一趟。这样吧!我晚上回来你再来,咱们好好聊一会。"

(4) 专用时间到了

每家每户都会在某些固定时间做一些特定的事情,比如晚饭后要辅导孩子写作业,上午下午要打扫房间,临近正午傍晚又要洗菜做饭,晚上九点过后孩子又要早早睡觉,这些都是暗示客人离开的好方法。

这里面孩子永远都是最好的"挡箭牌",大人的其他事情都能耽搁,唯独孩子的学习和休息耽搁不得,有意无意地提醒自己的孩子"别闹了,都几点了,快去睡觉!明天起不来又要迟到!""玩了一上午了,该写作业了吧!作业写不完,看你怎么交差。"对方看到之后会马上意识到自己影响到了孩子,也就不再多逗留,早早离去了。

(5)和爱人做出一些亲昵的动作

中国人自古就有"非礼勿视"的礼节,如果你的客人夜里迟迟不肯离开你家,你可以有意无意地当着客人的面和自己的爱人做一些亲昵的动作。这是在提醒对方:休息的时间到了,你再待下去就影响我们休息了。相信大多数人都不会不知趣地做那个"电灯泡",而会选择乖乖离去以避免尴尬。

如果以上这些方法仍旧没能成功地劝离对方,那就只能说明此人不通人情,不懂礼貌,遇到了这样的人,亲戚也好,挚友也罢,不要再顾及什么情面,直截了当地把"逐客令"亮出来,光明正大地告诉对方他的行为影响到了你。

第四章

只干不说遭淘汰，
职场会说比会做更重要

1. 职场沉默羔羊，你忍气吞声换来尊重了吗

人们常说："是金子总会发光的。"然而并不是所有人都能够幸运地被人看见自己的"闪光点"。在职场中，我们总认为只要努力工作，早晚会获得上司的赏识，同事的尊重，但是却忘了，不管如何努力，始终保持沉默的人很可能被大多数同事遗忘。

陈宇，一家外贸公司的职员，性格内向，想要改变，但是怕大家说他爱出风头，所以总是在一些关键场合保持沉默，因此，错过了一次绝好的升迁机会。

去年夏天，总部的经理来分公司视察工作，他用母语问了一个十分专业的业务问题，分公司的经理大概是没有听懂，显得十分尴尬。陈宇听懂了，但是看着周围的中层领导，陈宇胆怯了。他怕会让大家看不惯，觉得不是分内的事也管，甚至落得个巴结老板的名声。

结果，在陈宇保持沉默的时候，另一位同事流利地回答了大老板的问题，得到了大老板的赞许，自然，也替分公司的经理解了围。在总部领导走了之后，这位同事很快被升了职。

明哲保身，不出风头的这一套职场理论早就过时了。在这个

信息迅速更新迭代的社会，如果想要别人在短时间内记住你，你就要学会展现自己，让自己独有的资本和能力被别人看见。否则，在一群相差无几的人中，你怎么保证一定会有好运垂青于你呢？既然有过硬的本领，为什么还要保持沉默？埋头苦干，只会让人忽略了你的才能，你的努力需要别人看见。适时地露一手，你才会有更多脱颖而出的机会。

很多刚刚踏入职场的人发现自己明明很努力，但是，却得不到老板的重视。事实上，由于长期受到传统观念的压抑和束缚，很多人在"表现自我"这点上，往往做得不够好，很多人认为每一名员工的努力，老板都能看见。所以，他们认为表不表现自己都是没问题的，表现过于突出反倒有哗众取宠、不够务实的嫌疑。不幸的是，这种想法太一厢情愿了。

公司每季度都会向员工征集工作意见、建议和方案，一般人都是走个过场，敷衍一下。可王晓雨却极其认真地对待这件事，写下了详细的意见和策划方案。在众多敷衍的工作表里，王晓雨的工作表一下子引起了上司的关注，她的名字自然也记在了上司的心里。

公司召开会议时，上司常常征求员工对某事的意见或看法，很少有人主动发言，都是上司点名。过去王晓雨从未被点过名，这次，上司破天荒地第一个让王晓雨发言。王晓雨侃侃而谈，分析得头头是道，上司听完频频点头。

尽管我们都明白自己的工作能力，也清楚自己的办事效率，但是我们还要更深刻地认识到，通过自己的努力得到的成果最终是需要获得"认证"的。如果你无法通过一定的方式使自己的能力得以显现，那么你就永远只能做一个小职员，无法去展望更宽阔的天空。工作，光有认真和务实是远远不够的，有时还真需要一些"表面工作"。

李建在公司工作很努力，但是似乎总得不到老板重视。今年年初，公司扩大规模，搬来了许多沙发，老板让李建打扫一下，李建花了两个小时把沙发打扫干净了，然后他又把沙发重新摆放了一下。下午，老板回来把李建夸了，说李建工作认真，把沙发打扫得十分干净，让其他的同事都向李建学习。

身在职场，要学会懂得为自己"吆喝"一声。"酒香也怕巷子深"，不懂得推销自己的人怎么能引起别人的注意呢？别人又怎么能看重你、提拔你呢？在职场中，不能只低头做事，还得适当地让别人看见。表现自己，也就是把自我价值显现化，这在职场中是非常重要的。

当然，工作中的"表面功夫"是建立在努力工作之上的，不要以为空做表面功夫也能赢得上司的欢迎。表面功夫只可建立在成绩之上，适度的表现自我是为了装饰已有的成绩。一定要在注重工作效率的同时让老板看到我们的成绩，不要做只是埋头苦干的"老黄牛"。要想在工作中平步青云，就请为你的工作绩效加上漂亮的"花边"吧！

2. 不替老板做决定，引导他说出你的决定

职场中，一定要清楚自己的定位。谁是员工谁是老板一定要搞清楚，身为员工的你千万别妄图替老板做决定，即便你的意见

是对的，你也不能强迫他采纳，更不能不自量力地替他做主。这样会显得你比他聪明，会让他很没面子。

柳眉做过一段时间的行政秘书，当初她的老板非常赏识她。

一天老板一走进办公室，就着急地对柳眉说："上周让你给环宇公司发的传真你发了吗？传真中好多措辞不当，毕竟还是合作关系，不能口出恶言。"柳眉一听，顿时一阵得意，道："我没发，我就是看到上面措辞不当，所以没发。"老板心里一惊，追问道："那给鼎盛公司的合同发了吗？"柳眉道："发了，当了您这么久的秘书，当然知道怎么做事了。"

下午，柳眉接到人事部的通知，她被解雇了。

柳眉气冲冲地找到老板问："难道我做错了吗？"老板淡然地反问道："公司是你做老板还是我做老板？"

在任何一个企业中，只有老板才是公司的最高决策者，身为老板，能够获取的策略、信息要比员工多，而且更加准确。不要抱着猜测的心态，这不是比运气的彩票，这是商业，是职场。

可能很多时候，有些员工总是会无意识地站在老板的位置上来对事情进行分析，甚至认为，既然老板会这么做，那么我替老板做了，又有什么不可呢？你毕竟不是老板，即使你做的是对的，老板也会对你有意见，因为你逾越了老板和员工之间的界限。老板不仅会在意你做事的结果，更在意你做事的方式。代替老板做决策就是剥夺了老板的权力，如果还公然地坚持自己的观点，那么你的好意就会被他误解为你无视他的权威。

陈宇是一家公司的业务专员。一天，公司经理把陈宇叫到了办公室："陈宇，虽然你进入公司时间不长，但是你业务能力强，而且做项目的经验也比较丰富。公司最近要开展一个新项目，就交给你全权负责吧！"

为了新项目，陈宇兢兢业业，马上就要到谈判的时候，陈宇犯了难，因为谈判地点在外地，而且时间上比较尴尬，坐动车，只能在谈判的前一天晚上到，第二天早上就要开始谈判，员工的精神肯定不好；坐飞机去，虽然能在前一天早上到，但是成本太高。这两种方式，陈宇倾向于第二种，于是陈宇找到经理说了两种方式的利弊，然后加了一句："经理，您看，采取哪种方式去比较合适？"

经理一听，沉思了一下，说："你说得对，咱们必须养精蓄锐，这样才能在谈判上取得优势，就坐飞机去！"

任何时候，都不要替领导做任何决定，而是多给领导几个选择，分析利弊，然后引导领导说出自己的决定！多给老板几个选择，不仅仅是一种尊重，还可以帮助老板节省时间，是一种敬业、高效的职业精神。

针对这两种沟通方式，以装修办公室的主题来做个比较：

一种员工是让老板来处理问题，这种员工，一般都是不作任何准备，直接问老板："老板，咱们办公室要装成什么样子啊？"

这种类型的员工，我们工作中经常见到，遇到问题、接到任务时，首先想的不是如何解决，而是先让领导说出解决方法。这种员工，往往只会机械地工作，按部就班，不知变通。

还有一种员工是让老板做选择题。当接到任务时，他们往往会自己先查找资料，查阅老板可能喜欢的风格，然后做好效果图，表明每种风格的优缺点，并给出合理的建议，让老板自己选择。

请记住，不要每次遇到问题，就不加思考地跑去问老板，对老板而言，请你来是让你解决问题的，而不是让你来提出问题的。正确的方式是，你经过分析之后得出几个可供参考的方案，并带着这几个备选方案去找老板，让老板做最终的决定。每一个下属都要有为上司节省时间的自觉，封闭式问题会比开放式问题省时间得多。

在职场，我们一定要学会与老板沟通，这样我们才能更好地展示自己的能力，也能更好地理解老板的用意，进而更好地完成工作。在职场上，逾越老板和员工的界线是大忌，老板之所以能够领导部署工作，就是因为他有一定的过人之处，你自以为老板也会那样做，这只是你以为的，好心不一定会成好事。所以，不要擅自替老板做决定。

3. 给上司提建议，而不是提意见

常言道，人无完人。没有人可以做到面面俱到、尽善尽美，领导也会犯错。发现了上司的错误后，作为一个有责任心的下属，我们应该为了公司的利益考虑，对上司提出忠告。

在一次例会上，陈阳对经理关于质量问题的处理不是很满意。在经理征求大家意见的时候，陈阳说："经理说得很对，我们必须重视产品质量，这是解决问题的前提。我认为，除此之外，员工的质量意识也需要加强。我观察了一段时间后发现，员工在工作中经常疏忽大意。所以，员工的产品质量意识需要培训。我想，公司重视，员工同样会重视，解决了这个问题，公司的发展也能以更快的速度展开。"

经理听了陈阳的讲述，不断地点头，采纳了意见，也对陈阳敢于提意见的行为给予了充分的肯定。

没有人愿意被别人反对，上司也同样如此。并且，上司还需要维护自己作为领导者的权威，如果生硬地指出上司的错误，或直接表达不满，都会让上司心生不满，达不到意见被采纳和解决问题的目的。避免"提意见"的说话方式让上司产生抵触情绪，将批评委婉地包裹在糖衣之中，上司才会欣然接纳，并对你另眼相看。

林宇是某知名企业的行政助理，经理原来是技术岗位项目负责人，由于长期在研发领域工作，因此对管理一窍不通，因为自己就是搞技术出身，经常插手技术部门的事，对管理方面却十分疏忽，导致很多部门都有怨气，林宇与这些部门沟通也出了些问题。

深思熟虑之后，林宇对经理说："经理，您的技术权威已经树立牢固，但是，真正意义上的领导权威包含技术权威和管理权威两个方面，您的管理权威有些薄弱。"

总经理听后，接纳了林宇的建议，开始重视管理，企业的不稳定也得到了控制，林宇与各部门沟通也更加顺畅。

敢于直谏原本是好事，但如果方式不当，就很难取得理想的效果。比如，在某公司的职代会上，公司讨论一个方案，小陈发言："我认为，还应该加入一点……"这种直言，上司自然脸上挂不住，会对你心存芥蒂。你就是有再好的见解，你的意见被采纳的可能性也微乎其微。

巧妙地向上司提建议也是一门很深的艺术，下面的几个方法可以帮助你避开雷区。

（1）先赞同后否定，切忌单刀直入

建议就是在大方向肯定的基础上，对局部细节问题提出建议。当你先表示赞同时，对方就会感觉你们是同一战线上的，进而对问题进行更深入的探讨，这样对方就能顺着你的思路看到问题的关键，而不是一开始就站在对立面上排斥你。

假如你是销售部经理，最近业务扩展，公司准备给你空降一名管理业务的副手，但是你想要一位懂业务、有经验的下属担任这个职位。这个时候，不直接拒绝，多说内部选拔的优点和这个岗位的条件，上司大多会采纳建议。

（2）简而言之，切中要害

给上司提建议，一定要简明扼要地阐述观点，采用通俗易懂的语言，让上司一听就能够理解你的想法。切忌长篇大论，或是模棱两可的词语，如"也许""可能""应该"这样的词。

（3）要有说服力

提建议一定要有说服力。所以，如果一定要口头表达的时候，最好给自己准备好PPT，图文并茂，更加直观。如果是通过书面形式表达，那么就直奔主题，简单明了，在报告的后面配上数据，这样能增强说服力。

（4）关注对方，恰当举例

在提建议时，要适当地注意对方的反应，尽量通过他的表情和身体语言，迅速判断他是否赞同你的观点，进而适时地举例说明，增强说服力。

（5）态度诚恳

在提出建议的时候一定要注意语气的用法，一定要使用敬语，使用敬语会让对方感觉到诚意。而且，当对方不反感你的时候，即使不完全赞同你的建议，也不会影响到他对你这个人的看法。

上司也是普通人，每天工作繁忙，未必总有好心情。提意见时不一定非要在办公室，可以在饭桌上、下班路上、走廊等不太正式的场合，趁他高兴，借着聊天，随口就把自己的建议用温柔的方式抛过去，让他心领神会。千万要记住，你给上司提的是建议而不是意见，在实际操作的时候一定要把握分寸，才能让上司采纳你的建议。

在职场上，掌握好提意见的艺术，你和上司的关系才会更融洽。把握好良好的提意见的方式，你的职场之路才会走得更宽。

4. 这样向上司提加薪的要求

加薪在职场上是一个很敏感的话题，因此，在向上司提出来的时候一定要掌握方式和方法。如果处理不当，不但不能达到目的，还有可能影响你今后的发展。当然，如果你觉得自己的能力、业绩足以超过别人，你有把握让老板知道你值得加薪，你就不妨大胆地找老板沟通，把你的要求提出来。但是一定要注意提出的方式，否则很可能适得其反。

宋斌在一家公司工作快三年了，对自己的工作熟悉到不能再熟悉了，而老板一直没有给宋斌加薪的意思。

眼看着很多比自己来得晚的同事要么涨了工资，要么升了职。年轻的宋斌觉得十分不服。一时冲动，就以熟悉业务为谈判条件向老板提出职位调动，想以此迫使老板为他加薪。

结果，由于语气太过强硬，不但薪水没有加上，还弄了个不欢而散。此后，宋斌与老板的关系大不如前，最后不得不离开那家公司。

可见，加薪是一招险棋，弄不好就会被"扫地出门"。因此，即便你认为自己有能力把手里的工作做好，你身处一个极其关键的岗位，你可以独当一面，你是一个不可或缺的小领导等等，在和老板提加薪的时候也要注意把握语言技巧。只要你方法运用得当，向老板提出加薪也远没有我们想象的那么可怕。

当你打定主意准备向老板提出加薪要求的时候，一定要先给自己作一番正确的评估，即你在老板心中的分量重不重。对自己有一个正确的评估，你就能知彼知己，有的放矢，既不会让老板为难，也能让大家知道你是否真正"薪有所值"。

周慧到南方一家公司打工，本来谈好过了试用期两个月后就给涨工资的。但是三个月过去了，她的工资仍然没有任何变化。于是，她趁着向老板送材料的机会对老板说："老板，有件事，我一直想问一下您。"老板说："有什么话，你尽管说。"她说："我发现自己的工资与试用期时候没有差别，想问问是不是我的试用期已过而正式聘用的相关手续还没有办妥？"其实，她知道人事部门已经给她办好了手续。老板听后没有什么特别的反应，而是认真地说要帮她问问。

第二天，老板就找到她，对她说："真是不好意思，其实你的工资上个月就应该加上去了，只是财务上一时没办好手续，以后有什么事，如果我忘了，可以提醒我一下，不要有什么顾虑，按劳分配嘛。"

在你本该升职加薪的时候，老板没有给你办，这时候，不管是老板一时疏忽忘记了，还是故意说忘记的。你都不妨为老板找一个台阶，让他下来。让他既有机会，又有面子地达成你的心愿。

和老板商讨加薪的时候，底气足不足，自己是最清楚的。没有底气，加薪的事也就甭提了。加薪的前提是要有底气。底气是什么？底气就是你平时的工作表现以及你为公司的发展所做出的努力。有了这一切，你的底气自然就上来了。此外，你要多相信老板和群众的眼光，是金子总会发光的，是人才总会获得相应的高待遇。

当然，成功说服老板为你升职加薪，还需要注意以下几个方面：

（1）要有理有据

说服老板给你升职加薪确实不是一件易事，万一操纵不好，就有可能破坏自己在老板心中的良好形象，影响日后的工作。

因此，在开口向老板提条件时，最好先制定一个谈话要点，然后有理有据地展开。当他意识到给你升职加薪有百利而无一害，甚至还能憧憬不久就能收获滚滚财源时，你的目的才能达到。

（2）要选择适当的时机

如果你选择在公司遇到麻烦或者老板心情正郁闷的时候提出条件，结果可想而知。所以，选择时机非常重要。

最好的时机是当老板沉浸在成功的喜悦中，或是他的家人有什么喜事而使他轻松愉快的时候，此时提出适当的要求，比较容易让老板接受。

（3）托人"传话"

作为一般员工，你也许不会经常和老板打交道，而部门经理会对你了解得更多一些，部门经理又是老板经常要召集开会的人之一。除此之外，老板身边也有比较亲近的人，通过他们转达你的加薪要求有时比你直接开口效果更好。当然，这里你得把握好一个"度"，替你传话的人一定是了解你、理解你、同情你的人，这样他在传话的过程中就能把话说得婉转些、圆满些，即使遭到拒绝，面子上也不至于太尴尬，因为你毕竟很少和老板"正面交锋"。

（4）静听老板不为你加薪的理由

当你提出加薪而老板拒绝时，老板肯定会给出暂时没有给你加薪的理由。这时，你要心平气和地倾听，然后再寻找突破口。切记不要表现出不高兴的样子，或者闹情绪，甚至与之发生争执。一味地坚持自己加薪的理由，有的时候只会适得其反。

在岗位上工作了若干年后，向领导或老板提出加薪的请求本来是一件合情又合理的事情。但如果你提出加薪的方式不对，就很可能让这件合情又合理的事情变成一种"无理取闹"，最终不仅加薪的目的没有达到，反倒破坏了你在领导心中苦苦树立起来的良好形象，这十分不利于你以后的发展。

5. 恰到好处地向领导请示工作

职场上，有很多人总是不分场合、时间地向上司请示工作，这样做不仅干扰了上司正常的休息时间，而且还会让上司感到厌烦。聪明的下属，总是善于在关键的地方，恰到好处地向领导请示，征求他的意见和看法。这样既体现了自己对领导的重视，也体现了自己对工作的严谨、细心。

公司高层给部门领导和下属安排了一次旅游参观活动。在旅游途中的一个文物展览会上，有一位部门领导发现一些文物有了毁坏和破损，就询问解说员。解说员解释说，这是文物保护部门缺乏足够的经费，不能够使文物保存在一种恒温状况下所致，如果有一定的制冷设备，这些文物可能会保存得更加完善。领导听后，不禁有些感慨。

此时，站在一旁的机房负责人姜超突然想到了自己好几次想要上报的工作，于是趁机对领导低语："郑局长，机房里装空调也是这个道理呀！"郑局长看了他一眼，沉思片刻，然后说："回去再打个报告上来。"后来，这位领导果真批准了机房的要求，为他们装上了空调设备。

参考自己的工作状况和进程，适时地向领导请示下一步工作，才能使领导了解你的工作业绩和接下来的发展。合适的时机只是前提,抓住合适的时机,把握好请示的重点才是关键。如果你是一名销售人员,天天去领导那里请教,问领导怎样提升销售业绩,那么你只会给领导留下一个没有主见的印象。

作为下属,在请示工作的时候,要注意礼节,即便问题比较严重,也切忌太过于鲁莽冲动。在请示之前,最好营造一个缓和的氛围,就上司容易接受的话题进行简单的交谈。

王昱把新规划做好了,准备拿给王总看,但是他考虑到最近王总比较忙,直接呈给王总,一定会因为忙而被拖延,甚至被忽略掉。考虑了一下,他敲开了王总办公室的门。

"王总,您现在有时间吗?最近我在工作上遇到了一些困难,想来向您请教一下。"

"哦?遇到什么困难了?"王总一听请教,兴致一下就上来了。

"最近,我在做新规划,可能工作方法上出了点问题,资金的调配不太顺利。听说您当年仅用1300元就带领部门的人完成了一个项目,想向您取取经!"

"哈哈……"王总笑了,脸上洋溢出骄傲的神情。"当年,我在那个部门的时候,公司……"

王总开始神采飞扬地讲起了他当年的成功事迹,等到讲完的时候,气氛已经相当融洽了。于是,王昱说道:"真是精彩,我现在做的规划真是跟您没法比。"

"哈哈,说说你的筹划和资金利用。"

王昱说了自己的新规划。王总看完之后说:"你的规划没问题,只不过物价上涨,原来的资金确实不够,你放手做吧,我给你批资金。"

请示，如果不是临时汇报，最好根据领导平时的日程安排来选择请示的时间。某外贸公司职员工作认真能干，但是始终得不到赏识。一天，处长正在吃午饭，他刚好有一些问题，于是直接找到了处长。处长终于忍不住了，沉下脸对他说："非要现在说吗？你没看到我现在正忙吗？"

请示工作，看似简单，实际上里面有很大学问。比如说，工作完成了一个阶段，要开展下一阶段的任务，这件事最好在会议上或办公室请教。如果是事关自己，比如说工作上遇到点难题，但又不是什么特别难的问题，这种事最好在午饭时间或者偶然碰到领导的时候请示。

请示工作一定要注意"天时、地利、人和"。

天时，就是看你的计划是否和当前公司的大环境一致。比如说，公司上半年效益不好，正在缩减开支，你却提了一个可有可无的大预算方案。这样不仅不会被认可，还会给老板留下不懂思考、不知进退的印象。请示事情，一定要权衡一下利弊。

地利，就是你要请示的场合对不对。比如说，领导正在车间视察工作，你却说食堂的厨师不好，做的菜不好吃，你觉得会成功地换掉厨师吗？而你要是说车间工人们天天报怨食堂的菜不好吃，这件事就成了。

人和，就是在请示工作的时候注意在场的人，如果有爱反对你的人在场，你还没说完呢，他就在一边拿腔作调了，那上司就可能被其误导，或者因为有不同意见而下不了决心。所以，一定要注意人，当然，也包括领导，如果上司刚发过一通火，气还没消呢，你跑去请示工作，十有八九不会有好结果。

请示工作是一个让自己能力得以展现的好时机，但是一定要注意，不要无原则地请示。当我们准备要向上司汇报自己的工作时，做好充足的准备，找到上司时，不妨再礼貌地问上一句："您现在是否有空？"把握好这些分寸和技巧，请示工作就会成为你的有效助力。

6. 及时汇报工作进度，让上司看到你的努力

职场上广为流传着这样一句话：关键不在于你做了多少，而在于你的领导觉得你做了多少。没错，这说的就是很多职场菜鸟普遍存在的"埋头苦干"不懂汇报的现象。身处职场，既要"苦干"，又要"抬头"，及时地向领导汇报工作进度，让领导看见你的努力。

魏成一直以来都是个性格内敛，做事不大爱张扬的年轻人。刚刚进入职场，他把自己一贯的行事作风带进了工作中。每天从坐到工位那一刻开始，就开启了高度专注的忙碌模式。他每天不是盯着电脑做方案就是一脸肃穆地和同事讨论方案，工作期间，方案就是他的一切。偶尔有同事跟他闲聊两句，他也是敷衍了事，长话短说，要不就干脆以工作忙为由回避。

一段时间过后，令魏成不解的事情发生了。与他同时进入公司的那个女孩提前转正了，而这个女孩不论是工作能力还是平时任务的完成质量都比自己差着一大截。相比之下，兢兢业业、认

真干活的自己最后是去是留都没个定论,这就有点说不过去了,他为此感到愤愤不平。

眼看着三个月的试用期就要到了,他趁着空余时间找到了老板,一来是想问问自己的转正问题,另一方面也想问一下当初提前转正的那个女孩究竟哪里比自己强。老板的答案让他大梦初醒,原来老板根本就不知道他每天都忙了些什么,而那个女孩总是在第一时间把自己的工作汇报给老板,这让老板清楚地掌握了她的进步,也认为女孩真正地融入进了团队里。

很多年轻人认为经常找领导汇报工作是一种丑陋又可耻的行为,他们认为有事没事就找领导汇报工作是在"邀功",也是在"炫耀",这是一种做事不踏实的表现。不得不说,这是一种错误的认知。

汇报工作是整个工作流程中至关重要的一环,不论是大企业还是小公司,可以说大多数工作都是链条式的。公司内部各个岗位、各个员工都是紧密地联系在一起,环环相扣的,任何一个细节的变动都有可能牵一发而动全身,最终影响到整个工作流程的正常推进。及时地汇报工作就是为了让领导能够及时地掌握工作流程中各个环节的进展状况。

如果从领导的角度出发,听员工或下属汇报工作不仅是一项极其必要的事情,也是作为领导的他非常乐意做的一件事情。一位员工及时地向他的老板汇报工作,体现的是这位员工对工作的高度负责和对老板的尊重,这样的行为能提升老板的掌控感。

相反,如果你没有及时向上司汇报工作的习惯,这反倒会让上司产生一些疑虑:这位下属看起来倒是挺忙,但他究竟在忙什么我是一点都不清楚，还是他根本就是在给我们这些领导做样子？这样一来，埋头苦干不争虚名的你不仅没有得到领导的肯定，反倒让领导产生了怀疑。

如果从员工的角度出发，及时找领导汇报工作非常有必要。你在向领导汇报工作时，领导清楚地掌握了你每天的工作情况，你的努力和进步会被领导发现并得到肯定。反过来，领导的积极反馈能进一步提升你工作的动力，工作也就形成了一个良性循环。

在汇报工作的过程中，领导凭借其多年的工作经验和在行业中培养出的敏锐嗅觉能在你的汇报中及时发现一些潜在的隐患，能将很多危机扼杀在萌芽阶段，这就避免了错误的发生，能让你少走很多弯路。

向领导汇报工作是一门大学问，这里面有许多方法需要掌握。如果汇报不好，真的会被领导和同事冠以"溜须拍马，行事浮夸"的臭名。在工作汇报中，采用以下方法会更加得体：

（1）用详尽的数据说话

在汇报工作时领导常会问及工作量以及相关日期，一些职场菜鸟常常会以"一半多了""差一点就完成了""半个月以前"这样模糊的答案来回答领导的提问。这样的回答会让领导认为你对工作不够上心，也会认为你是在敷衍他。这样的汇报不仅没有起到任何实际的功效，反倒会引起领导对你的不满。

其实详尽的数据并不难记，就是那么几个你日常接触的数字，你只需要在汇报之前好好记上一遍。当领导问起来的时候你能够准确无误地说出来就行。要知道，当你把准确的数字汇报给领导时，你就会在领导的心中留下一个精明严谨的形象。

（2）逻辑清晰，层次分明

汇报工作的时候一定要逻辑清晰，层次分明，切忌随意乱讲一通，说到哪是哪。正常情况下，汇报工作要抓住一条主线，也就是你要汇报的主要工作事项。由此展开，分层次地叙说工作中的具体执行措施、关键环节、遇到的问题、应对方式以及最终的结果。

在汇报之前你最好把要汇报的内容条目清晰地罗列在纸上，必要的时候还要整理出一个文字图表一应俱全的 PPT。

（3）明确提出自己的工作成果

在工作汇报中，除了要实事求是地把工作的进展状况，遇到的问题如实反映给你的领导外，你在工作中取得的一些成果也要明确地提出来。要知道，你的工作成果如果不及时而明确地提出来，很可能被领导忽视，这并非领导有意为之，而是领导习惯性处在宏观视角看问题，有的时候会在不知不觉中把你的一些成果忽视。

工作中点滴积累的工作成果既是你升职加薪的保障，也是你在领导那里获得肯定的凭证。如果你不把自己的工作成果提出来，很可能因为得不到积极反馈而在工作中出现疲倦感，越干越没劲，你工作的积极性就受到了影响。

工作中及时地向领导汇报工作进度，努力才能被领导看见，这种行为并不是为了邀功，而是为了从工作中得到更多的肯定，从而更快得到进步。

7. 同事与你抢功劳时的语言对策

职场上经常会遇到一些"抢功"的同事，这些人大都在工作中偷奸耍滑，事后又通过扭曲事实把本属于别人的功劳全揽在自己的身上。转眼间小人得势，成了领导身边的红人。而兢兢业业工作的人却迟迟得不到领导的重用。遇到这种事情，谁都会心中憋气，可又不知道该怎么去争取。

在去年的销售旺季中老板给公司的销售主力曹亮下了一单任务，让他去攻克一个大客户，并为他配了一个新人做搭档。曹亮素来为人忠厚，从不防范身边的同事，在这次商谈中他同样如此。不管是拜访客户、讨论回扣还是请这位大客户吃饭娱乐，他都带着这位年轻人。

这位年轻人脑子灵活，嘴巴也甜，一口一个"曹哥"地叫着，一板一眼地学着，但这位看似谦虚的年轻人回到老板面前却摆了曹亮一道。他给老总汇报工作的时候，说曹亮虽然能力强，但做事越来越不认真，倚老卖老，总是和客户吃吃喝喝，甚至连客户公司都懒得去一趟，而自己接连往客户那里跑了十多趟，要不是自己这么勤快地往客户那边跑，这个订单很可能拿不下。

事实并非如此，这个大客户是曹亮一个老客户的朋友，俩人关系甚好，至于生意也就一个电话的事。而这些内幕领导一概不知，最后分奖金的时候这位年轻人拿到了大头。

职场就是个残酷的名利场，不少人在职场中为了争名逐利不择手段,做出一些没有底线,不讲道德的事情,就比如抢功劳。你兢兢业业地工作,费尽心思才获得的工作成果却被同事动动嘴皮子就抢了去,遭遇这样的事情,无论是谁都会感到窝火。

这种事情之所以会发生,一方面是因为老板不可能对每件事情的每个细节都清晰把控,这就给了那些居心不良的同事"移花接木"的空间,他们找到了领导视线的盲区,在其中大做手脚,把不属于自己的功劳揽到了自己的手里。另一方面也是因为信息在传递的过程中会丧失掉一些重要的细节,这又给了那些心存"剽窃"的员工添油加醋的机会,他们通过放大自己的功绩,在不改变整体事实的前提下,神不知鬼不觉地把功绩揽在了自己的身上。

遇到了这样的事情的确很让人头疼,很多人在功劳被抢以后不知道应该怎么办,选择忍气吞声的话,不仅自己心里不甘,又会担心自己以后的功劳也都被抢去;选择了以牙还牙,一定会影响到同事间的和睦,因小失大,很划不来;选择向领导澄清事实,又怕被领导误会。不少人就在种种顾虑之下让事情不了了之,这也就相当于选择了忍气吞声。

自己的功劳被抢之后不用顾虑太多,应该选择主动出击,找领导把事实的真相澄清是最好的选择。职场是个"弱肉强食"的地方,你一味地忍让只会助长那些居心不良之人的嚣张气焰,他们会逐渐把你当"软柿子"来捏,这十分不利于你在职场上的长远发展。

在找领导澄清事实之前一定要沉着冷静,了解清楚事情的原委,搞明白这位同事是有意在抢你的功劳,还是无意为之。如果对方是无意的，在不影响晋升机会的前提下你可以选择原谅他，并在私下里找到适当的机会与他进行沟通，把情况说明白。

如果对方是有意为之，你需要找领导把事情澄清，在澄清过程中应该注意以下细节：

（1）早请示，晚汇报

早请示可以提前让领导知道这件事情是由你在负责，以后这项工作取得了一些好的成果领导也会第一时间想到你。这相当于打了一针"预防针"，提前预防自己的功劳被抢。

晚汇报则可以让领导明白在整个任务执行中你充当了什么角色，做出了哪些努力，你较晚的汇报也能及时地纠正一些误报的信息，让领导能更加清楚地掌握任务执行的实情。

当早请示与晚汇报结合起来使用时，你的工作成果上便等于加上了"双保险"，这样一来，别人就很难把你的功劳抢走了。

（2）用事实说话，用权责证明

抢夺功劳的过程必然伴随着扭曲事实，针对这样的情况，你在找领导澄清事实的时候也不用直接表明自己的意图，你可以以汇报工作的方式，详细地把工作中的一些事实向领导汇报清楚。

在汇报的过程中要注意把每个同事的权责说明白，让领导能清晰地知道谁负责什么，谁做了什么。在申明权责的过程中一定要把一些关键的细节表述出来，这能提升你汇报的可信度。此时，领导难免会把你提供的事实与之前抢你功劳那位同事汇报的工作进行一番对比，大多数领导都是明智的，对比之下，功劳究竟属于谁领导会心知肚明。

（3）夸赞对方，重申自己

在找领导澄清的时候千万不能否定抢你功劳的同事，即便是对方手段阴险，在领导面前你也要充分肯定对方在工作中的表现。肯定对方的表现也是在向领导说明对方在工作中究竟做了哪些事情。

在此基础上，你还要重申自己完成的工作。这样一来，谁做了什么领导就清清楚楚地分辨出来了，你被抢夺的功劳也就回到了你自己的身上。

（4）在领导面前当面对质

针对那些屡次侵犯你的利益，而又涉及重大利益（如高额奖金、大的奖项、升迁机会等）时，你一定不能退缩，最好的方式就是把这位同事叫到领导跟前当面对质。

功劳被抢之后选择默默忍受会逐渐被当做"软柿子"来捏，默默离开毫无意义，"以牙还牙"则会影响到同事间的和睦。最好的方式是找领导澄清，但在澄清的过程中也要讲求方法。

8. 上司跟前，尽量少说"不知道"

工作的时候，你的上司难免会问你一些问题，不管是工作上的还是与工作无关的，也许有时候他问的问题并不是我们所熟悉的专业问题，不管你知不知道，都不能动不动就对上司说"我不知道"，这在上司看来，是一种搪塞，因此，在他心目中，你的形象就会大打折扣。

杨琦的顶头上司王越是个超级篮球迷。一天早晨上班时，电梯里恰好只有他俩，王越突然问杨琦："昨天森林狼对热火，哪个队赢了？"原来，昨晚王越看 NBA 联赛时，家里突然来了客人，等到送走客人，球赛也结束了。

听到王越的问题，对体育丝毫不感兴趣的杨琦脱口而出："我不知道。"王越什么也没说，就走出了电梯。从那之后，杨琦发现王越越来越不待见自己，向他请示工作时，他的表情非常严肃，和他打招呼也总是爱理不理的。

刚开始的时候，杨琦对王越的这种态度只是感到纳闷，不知道自己究竟怎么得罪了王越，最后他终于明白了，自从说了那个"不知道"之后，领导对自己的态度就发生了翻天覆地的变化。

在与上司交流沟通的时候一定要掌握技巧，即使他问的问题你真不知道，也不要直接回答，可以以诱导的方式让上司自己说出答案，或者巧妙地掩饰过去。老板有时候也只是随口一问，但是如果你说"不知道"的话，就会让他感到非常无趣，恐怕以后你和上司"交流"的机会就会很少了。

我们不能要求上司在任何情况下都心胸宽阔，作为下属一定要谨言慎行，面对上司的提问，不要轻易说"不知道"。特别是刚刚步入职场的人，对公司的情况不熟，对上司的个性也不是特别了解，在遇到这样的情况时一定要表现得很主动、很机灵。在你确实不知道的情况下，你可以回答："我马上去查一下"或者"我现在就去问一问"，这样不仅给自己留了一条后路，也不至于给上司留下不好的印象，他反而会觉得你是一个热心的员工。

辛苦了一个星期，晓颜终于完成了手头的策划案，对于刚入职场的她来说，能够得到这样的机会，是非常幸运的。周五下午，她将这份策划案以电子稿的形式发给了总监，总监看完之后，对她的策划案还是挺满意的。

过了两天，总监让晓颜将策划案打印出来，晓颜当场愣住，小声地对总监说："上周五不是发给您了吗？"总监说："是啊，但是还是要把电子稿打印出来的啊。"晓颜说："我发给您之后就直接把电子稿给删除了，您那里还有吗？"

总监一听火上来了："你为什么要删除啊？我哪里还有那份策划案啊。我天天要接那么多东西，接完之后就直接删掉。况且，咱们公司的哪个人会像你一样，把做出来的东西随便删除。"晓颜委屈地说："我又不知道，您又没告诉我您没有留底，我觉得发给您就可以了，所以就删掉了。""你傻啊，你不知道，不知道也不问一声，现在怎么办？一周的工夫白费了，真是成事不足，败事有余。"

职场新人尽量少用"我不知道""不是我""我不会"等推卸责任的词汇，减少不必要的苛责。在职场上如果真的对某项事物不明白，最好使用这样的语句："不好意思，这个问题我不是很明白，向您请教一下怎样做会达到更好的效果，谢谢您。"一句简单的话语，既能避免推卸责任的嫌疑，又可以取得良好的效果，一举两得。

公司里，如果上司向你提问，这表示对你信任，你的回答也会让他感受到你对他的尊重，精明的上司更是会从你的回答中看出你是一个什么样的人。如果他觉得你是一个不错的人，万一有什么"吩咐"的时候，第一个就会想到你。因此，不管你是职场老手，还是初出茅庐的新人，你要把上司的提问看作一种机会，能回答的就回答，实在不知道的，就去查资料、问同事，在这个过程中，你也会学到不少东西，这也是一种进步。

职场中人，切忌说"不知道"，将这三个字彻底地从脑海中删除，主动去学习、去了解，你才能从中得到更多的经验和机会，等你有了丰富的经验，自然会得到上司的赏识，从此放心地交给你更多的任务。

9. 事毕主动回复是礼貌，更是品质

所谓事毕主动回复指的是，不管大事小事，事情结束之后及时地向与事情有关的另一方发出结束的反馈。凡事有交代，件件有着落，事事有回音，体现的是一个人的可信赖程度。这是一种为人处世的基本礼貌，更是一种可贵的品质。

身为公司中层领导之一的罗振国，委派一位年轻下属去给上级部门送一份材料，这份材料很重要，因此这项任务是他亲口安排下去的。

过了一会，罗振国估摸着文件应该送到了，但迟迟不见这位下属的回复，这让他的心始终悬在半空，生怕中间出什么差错。但他又不能主动去找这位下属询问，怕年轻人误以为自己对其不够信任。就这样，他的心悬了整整一个上午。

中午吃午饭的时候罗振国在食堂门口见到了这位年轻人，看样子这位年轻人并没有回复他的意思，他不得不主动问起材料的事情。年轻人这才回答道："送到了，领导本人不在，我把文件交给了他的秘书。"知道文件送到了后，罗振国的心就放下来

了,他顺口问了年轻人一句:"既然送到了,为什么当时不及时回复我呢?"年轻人支支吾吾说不出话,从此罗振国再也没找过这位年轻人办事。

面对这样的状况,少不更事的年轻人会认为送文件这么小的事情,能出什么差错,送到不就行了吗?这领导也太过多事了,小题大做!但你有没有换个角度思考一下?你不妨站在领导的角度来看待这件事情,你委托别人办事,对方接到任务之后就没了音信,你会是什么感受?我相信大部分人的心理活动都会和领导一样,因为迟迟收不到回复而心中不踏实。

从领导的角度来看,事毕的及时回复能让领导尽早放心,这也就节省了领导的时间成本。比如你的领导在早上九点钟交给你一项任务,你在十点钟完成这项任务之后主动向领导汇报,领导就可以把这项任务放置一边,把心思和精力用在其他事情上。反之,你的这项任务则会分掉领导的时间和注意力。

事毕及时回复是职场中的一种重要礼节。它既体现出一位员工对工作的尊重,也体现出对领导应有的尊重。不论大事小事,如果一个员工在事毕之后都能及时主动地向任务发出者做出相应的回复,体现的是他对这项任务的高度负责。

另外,从员工,即任务执行者的角度来说,养成事毕及时主动回复的习惯能促使我们提升工作质量。事毕的主动回复代表着凡事有交代、有回报、有着落、有呈现,这样的习惯形成了之后,你会因为事后需向领导回复而产生一些压力,带着这些压力去工作,你会主动地去提升自己的工作效率和质量。

事毕主动回复是每个员工必备的职业素养,为了避免一些不正确的主动回复引起领导的不满，根据事情的轻重缓急，我们回复的方式也要有所差别。

下面的这些能让你的事毕回复更实用，也更讨领导喜欢：

（1）回复要主动并及时

事毕的回复是讲求时效性的，回复得及时才能取得应有的效果，如果你的事毕回复错过了最佳时间，不仅不会给对方带来积极的反馈，还会让对方误以为你对这件事情不够重视，以至于想起一出是一出。

这方面没有别的选择，事毕马上回复是唯一的方法。现在即时通讯这样发达，你可以通过打电话、发信息、发微信、发钉钉消息等来及时回复。另外，视频会议、电话会议等，都为你工作方面的及时回复提供了很好的技术支持。

（2）定向回复

现在"群聊"成了很多人使用最多的聊天形式，你的通讯录里最活跃的已经不再是某个特定的人而是几个热闹的群。我们习惯了群聊之后渐渐地把一些事情也带入了群聊之中，其中就包括事毕的回复。有的时候我们会将完成的任务在群聊中回复给对方，这样的行为是不合理的，群聊中有多个成员，他们的聊天很可能会把你的回复信息淹没，导致你的回复信息被遗漏掉。

因此，任何事毕的回复都要有针对性地定向回复。

（3）用数据说话

在工作中的事毕回复与其他场景下的回复不同，它除了要确保及时以外，还要确保一定的准确程度。工作完成之后你不能简简单单地跟领导汇报一句"完事了"就作罢，更不能用"差不多了""还可以""一般"这样的词汇，你需要用详尽的数据来说明你工作完成的情况。

有人说："大事看能力，小事看品格。"事毕及时回复既是一种能力，又是一种品格，养成事毕及时回复的好习惯，无论在哪，无论做什么，都能让你左右逢源，得心应手。

10. 功劳面前要学会说低头话

年轻气盛的我们在取得了一些功劳之后难免会有些飘飘然，但功劳面前最忌讳的就是飘飘然。历史上那些居功自傲、飘飘然的人最后都落得个身败名裂的下场，最后混得风生水起的反倒是那些功劳面前懂得说低头话的人。

周玥是一个很有才气的小姑娘，她在一家新媒体公司做内容编辑。天生偏爱文字的她对内容有着独到的见解，再加上她有时刻关注热点的习惯。在这个岗位上没多久她的文章就连续几次突破"十万加"，在网上掀起了一阵小的热潮。年末的时候，她凭着自己的文章拿到了公司内部一个很有分量的奖项，这让她很兴奋，不知不觉就有点自我膨胀了。

但自那以后她就感觉越来越不对劲，同事们仿佛都在有意地躲着她，上司也经常给她坏脸色看，时不时地为难她一番。她很纳闷，自己这是什么地方得罪同事和领导了？

周末她把自己的苦恼说给闺蜜之后，这位闺蜜立马指出了周玥的问题所在。去年年末，周玥获奖后不仅没有在颁奖典礼上把自己的奖项与直属领导和团队里的同事分享,也没有对任何人进行感谢。获奖后她越来越自以为是,甚至出现了当众顶撞领导,随意点评同事的现象。这让她在公司里越来越不受欢迎。

很多职场菜鸟在获得了一点点功劳后就开始沾沾自喜。这种心情可以理解,毕竟年轻人都需要用一些实质性的成果来肯定自己,激励自己。但当我们在沾沾自喜的时候也要顾及别人的感受,凡事都会有对比,你的突出表现必然会使得其他同事黯然失色,别的同事会因此而产生一些消极的情绪,这并不是你的同事"小心眼""见不得人好",这本是一种难以解释的人之常情。

你过于兴奋的表现在他们眼里变成了一种赤裸裸的炫耀,他们需要默默忍受你的"嚣张气焰",又不敢出声。他们无法打压正春风得意的你,但可以选择在日后的工作中消极地对待你,他们会有意无意地去抵制你,不与你合作,让你碰钉子。

你在取得一定成绩之后如果表现得过于张扬,还可能引起领导的不满。职场和官场上都流传着一个敏感的词汇——功高震主。你过于突出的表现本来就会给你的顶头上司带来一定的压力,如果你再不懂得收敛自己的言行,必然会让你的顶头上司产生"这小子不把我放在眼里"的想法,使领导感到自己的地位和权威受到了挑战。

其实,在职场中的你一直都不是单打独斗,不管你取得了怎样的成就,你取得这些成就靠的是什么,都与你的团队,你的领导有关。如果你懂得把自己的成果分享给别人,在功劳面前不自傲,说一些低头话,不仅会让你的同事和领导感到舒服,也会在公司里留下一个谦虚而慷慨的美名,以后在工作中,同事们会更加愿意与你合作，这样的行为能帮你在职场上获得更长远的发展。

取得了成绩之后说一些谦虚话，把这个成果分享给你的领导，你的同事，是一种经营思维，也是一种长远投资，它能让你在职场中持续性地获得收益。同时，这也体现了你健康的职业心态，功劳面前不居功，不抢功，任何时候都不忘同事的协助，不忘领导的栽培，这样的人才更适合在职场中生存。

在现实中我们还可能遭遇这样的状况：取得成绩之后，我们本着分享成果的心态，却被同事和领导错误地理解为一种隐性的炫耀，这就是因为我们说话的方式出了问题，你需要用下面这些说话方式来让你的谦虚更让人信服：

（1）先提领导，把自己置于领导之下

在功劳面前第一个提到的人应该是你的顶头上司，无论你取得了什么成就，这些成就跟你的领导有多大关系，你都应该以"在领导的指示下""在领导的安排下""在领导的培养下"开头。你要清楚地知道，这并不是"官话""套话"，而是一种实实在在的感谢，如果没有领导给你提供机会，你就不可能取得这样的成就，所以领导的培养对你成绩的取得起着决定性的作用。

这里有个很经典的故事：前美职篮球明星阿伦·艾弗森一直与自己的教练拉里·布朗关系不好，在他获得2001年的全明星赛最有价值球员奖时，他第一个提到的名字就是他的教练，自此以后师徒二人关系日渐融洽。

（2）说出每个团队成员的名字以及他们的贡献

在取得的成果面前，如果你只简简单单地说一句"感谢我的团队",很容易让别人误以为你这是在敷衍了事,做表面工作,这会引起别人更为强烈的不满。你需要把团队里每个同事的名字都提到,如果有可能,你还可以把他们的具体贡献一一说明。

这样的行为表示你是个懂得感恩的人,牢记着每个成员对你的照顾。这种带着满满诚意感的行为能最大程度地消除你的成就带给别的同事的负面情绪。

(3)分享奖项

如果你取得的成绩最终让你获得了一笔奖金,你最好拿出其中一部分来感谢你的同事和领导,你可以请你的同事吃一顿好吃的,这样的活动最好交给你的领导来组织。

中国人为人处世向来讲究"温良恭俭让",其中的"让"字在职场中至关重要,懂得"让"的人才能在职场中越走越顺。

第五章

废话再多也没用，
说到点上才有说服力

1. 换位思考，站在对方的立场说服对方

每个人都有自己的想法和生活方式，很多时候，我们需要站在对方的立场上去考虑，这样我们就可以很快地深入到对方的内心。当我们以他人的立场为出发点、替他人着想的时候，才能让他人产生好感，从而认同我们，信服我们。

每个人的思维方式不同，在很多人看来，自己的观点和意见总是正确的。这个时候，站在自己的立场上，用自己的方式去解决问题是很困难的，想要说服对方，就需要学会换位思考，站在对方的角度看问题。从心理学上讲，站在对方的角度考虑问题，传递的是尊重与体贴，彼此间更容易相互理解，并产生好感，进而做出积极回应，从而使对方改变自己的看法。

有一位演讲家每个季度都会租用一家酒店的会议室举办讲座。在某个季度讲座即将开始时，他收到了酒店提高租金的信。几天后，他去见了酒店经理。

他说："虽然我对你们提高租金这一做法感到震惊，但是，我并不埋怨你们。因为，当我作为一名酒店经理时，为了利润，我也会这样做。但是我们可以分析一下你提高租金的利弊。"

他接着说:"如果,我因为租金过高而退租,那么会议室就会空置下来,你们也就可以重新出租,这样就可以给你们带来更大的利润,至少要比从我的系列讲座中获得的多。"

"但是,当我退租的时候,首先,你并不能从我这得到租金;其次,也不见得有人会立马租用会议室,这时候你就损失了两笔业务;再次,来听我的讲座的人,都是名人,这些人的广告效果比你在报纸上花5000美金来打广告的效果还要好。所以,我希望先生能仔细权衡一下,然后再告诉我你的决定。"

第二天,酒店经理让步了。

虽然演讲家一句也没提自己的要求和利益,但是他站在经理的角度上分析了利弊,最后成功地达到了自己的目的。设身处地地为他人着想,可以让我们更好地与对方沟通,更好地了解对方的态度。当我们了解了对方的观点,我们就可以根据对方的思想轨迹,推导对方的思维逻辑,进而瞄准目标,击中要害,使我们的说服力大大加强。

所以,有时候,在我们说服他人的过程中,我们不需要去讲大道理,去解释我们的观点。我们只需要站在对方的立场上,肯定对方的某些观点、想法,然后再说出我们的意见,就不会让对方对我们产生反感,从而使对方自然而然地被我们说服。

公元前265年,赵国遭到了秦国的进攻。齐国答应出兵,但是必须以长安君为质子。赵太后非常疼爱自己的小儿子长安君,坚决拒绝,且不许任何人劝谏。众臣无法,只好请来左师触龙。

触龙见到太后,就对太后说:"臣老了,行动不便,近日来看看太后,太后身体可还康健?胃口可还好?"

太后冷硬地回答说:"我也老了,可能也活不了几天了,现在也只能吃粥过活了。"

触龙说:"是啊,都老了,要为子孙着想了。但是我听说您好像不疼爱长安君了?"

太后说:"怎么可能?我最疼爱的就是长安君了。"

左师解释说:"虽然您赐给长安君无数的珠宝和大量的土地,但是长安君没有功绩,在您百年之后,长安君拿什么守护他的富贵呢?"

赵太后听完也明白了,就同意送长安君去齐国为质子。

在生活中,每个人价值观的不同,导致对一件事不同的人会产生不一样的看法。在人际交往中,有些人习惯从自己的角度去看问题,进而对他人的观点和行为做出主观的判断。如果能够将心比心地换位思考一下,就会对他人的思想、感觉、看法有更深层次的了解,也会更透彻地了解他人的意见,这样就会大大增强说服力,进而能够更好地说服对方。

当我们有求于人的时候,我们需要想一想他人的困难,自己的要求会不会给他人造成压力?如果我们自己做会有什么困难?我们把这些站在对方立场考虑的问题如实地告诉他们,这比他本人以这些难处拒绝你要好得多。

所以,当我们无法通过常规的方法去说服他人的时候,我们不妨换一种方式,站在他人的立场上去思考,让他们感受到我们的真诚,迅速地达成共识,进而去更好地说服他人。

2. 以子之矛攻子之盾，用对方的观点说服对方

"自相矛盾"的故事几乎每个人都知道，但是其中暗藏的反击之法又有几人懂得？在谈话过程中，如果我们能够抓住对方的逻辑矛盾和论证破绽，利用对方的疏漏，使其观点陷入自相矛盾的泥潭，那么对方的观点自然就不攻自破了。

2011年对于马云来说可谓是多事之秋，因为就在这一年阿里巴巴旗下的淘宝网状况不断。同年7月马云紧急从美国飞回杭州，约见全国主流媒体就淘宝网事件进行澄清说明。

在专访现场，马云逐一反驳所谓淘宝网提高门槛服务费是"过河拆桥"，甚至是为传闻中的收购雅虎做现金准备。

马云说："有人说阿里巴巴不了解中小企业，不关注中小企业的生死。我想问，国内有哪个公司或哪个机构，能够站出来说比我们更了解中小企业，比我们更能够直接了解中小企业发展的现状和问题？这12年来，阿里巴巴的发展与中国中小企业的发展荣辱与共，我深以为傲！"

"淘宝网运营9年来，至今仍旧坚持免费开店的策略，我们从不指望靠淘宝商城赚钱，但是我们要求所有商家必须能给消费者提供有品质的商品和服务。"

马云接着说："淘宝网发展壮大至今，对阿里人来说，更多的是责任。淘宝网每年仅运营成本就超过70亿。淘宝平台2011年交易规模达到6000亿元，培育了近800万商家，每年直接、

间接提供200万个就业机会。如果有一天淘宝网关门了,哪怕是停一天,其影响将不堪设想。所以我们必须采取一切保障品质的措施,这也是淘宝网提高品质门槛的初衷。"

马云面对外界的质疑时,没有就事论事地去直接解释,而是先丢了一个反问句给大众,然后利用大众的质疑来设问并阐述自己对事件的看法,娓娓道来,让人信服。于无形之中,将本来很尴尬的问题转移给对方,同时还将自己的意见包含其中,以子之矛,攻子之盾,这无疑是最好的反击方法。

在生活中,我们有时候会碰到这种情况:有人故意无事生非,甚至企图嘲弄,让人出丑。这种情况下,我们通常的反应是予以回击。回击的方式有很多,所波及的范围和所受的影响也不同。有时候越想从正面攻击,就越使自己陷于被动,这时最好的方法就是避其锋芒,攻其不备。

武则天时期,律法森严,酷吏极多。一个叫周兴的大臣平日用刑极重,杀人不眨眼。一天武则天接到密报说周兴意欲谋反,便叫另一个酷吏来俊臣去审问周兴。

来俊臣宴请周兴,在席间问道:"现在我接了一个案子,犯人死活不开口,素闻老兄对审问很有一套,能不能教小弟几招呢?"

周兴道:"这个容易。先找个大瓮放在木柴上,然后把犯人放在里面,点起火来烤,还怕他不招吗?"

来俊臣立即命人如法行事。待火点燃后,来俊臣对周兴说:"我奉旨审问老兄,现在就请老兄入瓮吧。"

周兴大惊,立刻俯首认罪。

来俊臣审问周兴,话语里没有任何冲突,只是在最后以其人之道还治其人之身。当两个人各执己见，争论不休的时候，要能够抓住对方的矛盾，利用其疏漏，反客为主，才能为自己找到合适的机会，一击必中。

宋代的政治家、文学家王安石，有一次写了一本叫《字说》的书。书中有很多解释都牵强附会，甚至无中生有。一天，苏东坡来看望王安石，王安石和苏东坡谈起了这部书。提到书中对"坡"字的解释，称"坡"是土的皮。苏东坡一听，顿时觉得可笑。便在纸上写了一个"滑"字，并对王安石说："照您的解释，'坡'是土的皮，那么这个'滑'字一定是水的骨头喽！"

推理式还击显得含蓄，而且这些字眼又是从对方口中接过，以同样的逻辑演绎予以回击，这样不仅可以维持自己的君子风度，还可以利用这种语言的"杀伤力"让对方哑口无言。这种"以子之矛，攻子之盾"的方式叫做反击推理法。由于是反击式，在运用当中还需要注意语气是否适当，措辞是否委婉。毕竟反击的话语不是谁都愿意听的，有时候还会涉及对方的尊严与权威的问题，因此还要注意场合。

推理反击并不难，但是要想在不同的场合都能反击得巧妙，还是需要下一番功夫去学习和领悟的。

3. 说些软话，方能得偿所愿

如果你想把一个人给说服，就要会说软话，纵观历史，不难发现，往往刚烈之人容易被柔和之人说服。因为亲切和悦的态度可以软化对方的防卫，起到以柔克刚的功效。

一般来说，人们往往尊敬说话温和的人，说话温和可以使对方以相同的态度予以回报。柔和的语言，在遣词造句，声调语气上都有一些特殊要求，比如，在交谈中应注意使用谦词、礼貌用语和赞美词，以表示尊重对方的感情和人格，引起对方好感。

在某商店里，有一位顾客喋喋不休地说："这双鞋鞋跟太高了，样式也不好……"

商店营业员一声不吭，耐心地听他把话说完，一直没打断他。等这位顾客不再说了，营业员才冷静地说："您的意见很直爽，我很欣赏您的个性。这样吧，我们到里面去，再另行挑选一双，好让您称心。如果您不满意的话，我愿再为您服务。"

这位顾客见营业员如此耐心地回答自己的问题，很不好意思。于是他的态度就发生了巨大转变，称赞营业员给他新换的鞋："嘿，这双鞋好，就像是为我定做的一样。"实际上这是一双和上一双并无太大差别的鞋。

营业员以慢对快，硬话软说，让顾客把怒气宣泄出来，达到了心理平衡，成功地卖出去了鞋子。

说软话，就是说不带刺的话，不管你要表达的内容是什么，都不因为你的表达方式让别人感觉不舒服，它看似只是表达方式的差异，但却是态度和价值观的区别，不是你对别人怎么看，也不是你自己怎么定位的问题，而是你通过怎样的态度来实现自己的目的。大家有了目标，如何实现目标就是一个关键环节，而你在这个环节可以做到什么程度，会不会说话就是最大的考验。

柔者，柔和而不软弱。示弱并不是无能，而是一种友善，一种高风格,这些东西人们日后想起来,都会感到暖暖的,甚至更加佩服你。在今天的现实生活中,要想达到我们的目的,需要掌握一定的说话技巧,在不得已的时候,不妨做个"可怜"的人,有的时候"示弱"比逞强更能打动别人。

有个人非常善于做皮鞋生意,在相同的时间里别人卖一双,他就可以卖几双。一次谈话中别人问他做生意有何诀窍,他笑了笑,说:"要善于示弱。"

接下来他举例说:"有些顾客到你这里来买鞋子,总是东挑西拣,到处找漏子,把你的皮鞋说得一无是处。顾客总是头头是道地告诉你哪种皮鞋最好,价格又适中,样式与做工又如何精致,好像他们是这方面的专家。这时,你若与之争论,毫无用处,他们这样评论只不过想以较低的价格把皮鞋买到手。这时,你要学会示弱,比如,你可以恭维对方确实眼光独特,很会选鞋挑鞋,自己的皮鞋确实有不足之处,如样式并不新潮,不过较稳罢了,鞋底不是牛筋底,不能踩出笃笃的响声,不过,柔软一些也有柔软的好处。你在表示不足的同时也借此机会从侧面赞扬一番这鞋子的优点,也许这正是他们瞧中的地方,可以使他们动心。顾客花这么大心思不正是表明了他们其实是很喜欢这种鞋子吗!"

人是非常感性的动物,很容易受情感的控制。说软话,并非无原则、和稀泥,而是为了办成事,示之以柔弱,这样可以更好地赢得对方的认可。说软话,不仅有利于手头具体工作任务的完成,还有利于大家在相互配合中加深彼此间的理解,在合作共事中增进团结,形成工作合力。

言语上温柔一点，软一点，在做事时硬气，就容易增强人的气场，容易让人尊重，因为你是一个和谐的整体。学会说软话，不是任何时候都小心谨慎，都表现得异常紧张，说软话在一定程度上，应该是水到渠成的事情，能够说软话的人，都是自信的人，记住一条：说软话，并不是心里胆怯，而是为了实现更好的目标。在语言上的美化、加工，从而使其不含有攻击性的词汇，并不代表懦弱或缺乏力量，而是让你的语言更有说服力。

4. "捧"着别人为你办事

求人办事的时候，为了能更好地交流，增进彼此的感情，从而加强自己话语的说服力，我们不妨"捧"着说。

找人帮忙时，为了让他人在帮助我们的过程中不感到厌烦，我们不妨"捧"他几下，这样既加深了彼此的感情，又能更好地完成任务。当然，也不能随意地吹嘘，说些不着边际的话。每个人各有所长，也各有所短，要是硬将短处说成长处，反而适得其反。

某公司人力总监想重新制定一下公司的管理制度，知道公司销售部的赵经理是管理学硕士，于是就找到了他。

总监："赵经理，听说您最近写了一本书，是讲公司管理的，叫做《管理之道》？"

赵经理："嗯，是的，根据自己的工作经验加上学习的理论知识写的，自娱自乐，不值一提。谢谢您的关心。"

总监:"不愧是硕士啊,你来参加工作还真是一个错误的选择,要是专门研究管理,估计啊,一定能成为专家。"

赵经理脸色不太好地说:"是,是,是,我可能不太适合工作。"

总监一看,知道自己说错话了,马上补救道:"我的意思啊,是说您是个多才多艺的人,不仅本职工作抓得好,其他方面也非常出色。"

赵经理:"总监,您是有什么事吧?"

总监把要帮忙的事说了出来,赵经理也帮了忙,不过在帮忙的过程中,虽然没有敷衍,但是也没有特别认真。

由此可见,虽然是在称赞,但是称赞的方向不对也是会造成误会的。称赞不是阿谀奉承,而是对他人长处的真心实意的夸赞。人都是感性的,在受到称赞时,自尊心会在一定程度上得到满足,并对称赞者产生好感,在心理上认同你,进而信服你说的话,最终达到说服对方帮你忙的目的。

人性的弱点就是即使有时明知对方讲的是奉承话,心中还是免不了会沾沾自喜。要想把事情办成功,总需要一个愉快的沟通过程,"捧"着他人更有利于解决问题。每个人都希望得到他人的认可,获得别人的称赞,"捧"就是对他们的认可。当你这样做的时候,他们会认为你在认可他们,就会自然而然地信服。

袁梅和张馨被分到同一间寝室,成了上下铺,二人没多久便因各种琐事生出矛盾,互不搭理。

直到有一天,袁梅忍无可忍,拜托寝室长李琪帮她传话,"麻烦寝室长跟张馨说,我真受不了她,就她那个坏脾气,如果再不改,我看没人会愿意搭理她!"

好脾气的寝室长满口答应会好好处理此事。

自打寝室长传话以后,张馨态度大变,每次遇到袁梅时,既和气又热情,袁梅以为劝告生效,对张馨态度也变得友好起来。

事后,袁梅向寝室长表示谢意,并且好奇地问寝室长怎么做到的,毕竟袁梅之前也说过张馨很多次,可都没有这次那么神奇。

寝室长笑着说:"也没什么,我就跟张馨说,最近有好多人夸你,尤其是袁梅,说你性格开朗又善良,脾气好,有容人之量。"

奉承他人,也就是"捧"着他人,这样的方法之所以可以屡试不爽,就是因为人都是喜欢别人奉承的。只有他开心的时候,你才可以顺利地与他沟通,才可以继续你的说服,完成请人帮忙的目的。在说服一个人的时候,要明确"人无完人"的思想。当你存着这样的想法时,你就会在说服他时避开短处,这样就不会让你"捧无可捧"。当你避开他人短处,去"捧"他人长处时,就会让大众注意他的长处,也让他因为大家的注意而格外努力,做得比目前更好。所以,"捧"是说服人的工具,是达成目标的法宝。

要想说服别人,达到求人办事的目的,就必须学会"多送高帽子"。但是送高帽子也要得体,必须有一份诚挚的心意及认真的态度。有口无心,是对他人的不尊重,也很容易被他人识破,产生不愉快的感觉。在奉承他人的时候,不要讲与事实相差太远的话,与事实相差十万八千里的奉承,会让被称赞者觉得你是在讽刺他。在说服他人时，注意不犯以上错误，自然会让你的说服与众不同。

尺有所短，寸有所长。各人有各人优势的地方，用赞美之词来打动他，是你说服他人，达成目的最好方式，但注意不要让夸大其词和虚情假意毁掉你的赞美，毁掉你的说服。

5. 关键的几句话就能搞定对方

古语有言："言不在多，达意则灵。"意思就是指说话要言简意赅。说服他人时一定要抓住关键点，有的放矢，一针见血。

马克·吐温在礼拜天去教堂做礼拜，遇到一位在筹款的慈善家，这位慈善家正在用哀怜的语言讲述非洲的苦难生活。

在慈善家演讲了五分钟之后，马克·吐温马上决定捐助50美元，因为这件事很有意义。慈善家又讲了十分钟，马克·吐温决定将捐款减少一半。慈善家又讲了半个小时，马克·吐温决定只捐5美元。慈善家演讲了一个小时之后，开始拿起箱子让大家捐款。当他从马克·吐温面前经过的时候，马克·吐温反而从箱子里拿走了1美元。

俗话说"打蛇打七寸"，在说服他人的时候，尤其如此，我们必须做到用最凝练简洁的语言表达更丰富的意思。简短有力的话对他人的影响比滔滔不绝却空洞无物的话语要有效得多。抓住重点，精辟论述，一语中的，才能达到四两拨千斤的效果。

有人慷慨激昂的长篇大论，却不能让人洗耳恭听；有人一言既出,即便是寥寥数语,仍旧能够掷地有声,振聋发聩。说服他人时抓住关键点,长话短说,有的放矢,不重复自己已经讲过的话,才能句句到位,让人信服。

说话是一个传递信息的过程,要使自己表达出来的思想能够与别人产生共鸣,进而达到说服他人的目的,一句简洁有效的话就够了。

有位老人想要拍卖他的房子,因为他没有子女而且身体还不好,所以他想要搬到养老院去,那里有人可以照顾他,不让他感到孤独。

想买房的人听到这个消息蜂拥而至,在拍卖会上,房子从底价十五万美元涨到了四十万美元。老人看着上涨的房价,又看看这栋陪了他多年的房子,他的眼神中透出了无奈,他不想卖掉房子,但是自己的身体确实不适合独居了。

就在这时,一个自信阳光的年轻人看到了老人的无奈,走到老人面前,弯下腰,低声说:"先生,虽然我只有五万美元,但是我想要买下这栋房子。我可以分期付给您,比现在的价格更高。"

老人说:"年轻人,我想如果不是我真的很需要这笔钱养老,我或许可以让你分期付给我,但是现在……而且现在已经到四十万美元了。"

就在老人要明确说拒绝的时候,年轻人又轻声地在老人耳边说了一段话,老人听完之后,突然站起,对想买房子的人说道:"朋友们,很抱歉,我想这栋房子的新主人产生了。"老人拍着身边年轻人的肩膀说道:"就是这位先生。"

原来，年轻人告诉他："老先生，您之所以卖掉房子，是因为没有人陪您。如果你把房子卖给我，我保证我可以照顾您，与您生活在一起。相信我，我会让你生活得多姿多彩、快快乐乐。"

话不多，却字字说中要害，字字打入人的内心。就如同杠杆原理一般，找对支点，你就可以用最省力的方式撬动你想移动的物体。

当我们在说服别人的时候，重要的不是你能不能说，而是你说出的话是不是真的有用，是否能够表达清楚你的意图。因此，当我们在说服他人的时候，尤其要注重逻辑的重点所在，想好之后，用精辟的语言将之陈述出来，不拖泥带水，这样才能让对方更快地明白我们的意思。

在说服别人的过程中，最容易出现的问题就是跑题，有时候明明是谈论"如何合作"，结果谈着谈着跑到"个人能力"上去了，说了半天，全是不着边际的废话，脱离了主题，偏离了目的，更不能让对方信服。要想把话说得高效，就要准确提炼话题中心。那么想要准确抓住关键点，让人第一时间明白你的意思，该怎样做呢？

（1）打好"草稿"，明确主题

如果明确知道与他人预约的时间，那么提前确定好自己的主题，理清自己的思路，让自己在说服他人的过程中不跑题，注重思维的逻辑性。

（2）言简意赅，"去粗取精"

在说服他人时，要注意用词，不要喋喋不休，反复重复自己说过的话，要简洁明了，不打持久战。

我们需要注意，简洁明了不是硬要掐头去尾，让听者迷茫，从而得不偿失。我们在说服他人的时候，尤其要注意思维的重点，想好之后，用最精辟的语言陈述出来，不拖泥带水，这样才能让对方更快明白我们的意思，进而被我们说服。

6. 运用激将之法，让别人不得不为你办事

曾国藩曾经说过："天下事有所激有所逼而成者，居其半。"由此可见，激将法的作用。

激将的方式有很多，但大体上是两种，一种是通过言语来进行激励，另一种是用实际的行为激起人的斗志。这两种激励方式靠的都是"怒"和"气"。在我们求人办事时，利用一些略带讽刺的话给对方罩上一顶"帽子"，贬损的话语，会使对方激起一种极力维护自我良好形象的欲望，从而用语言或行动来证明自己，在证明自己的过程中，就会不知不觉地转变态度，转向我们的立场，从而被我们说服。

有一位家长，非常懂得教育心理学，他也成功地在教育孩子的过程中使用了教育心理学，并取得了成效。

他的孩子非常不喜欢吃蔬菜，他没有像其他家长那样说教，也没有采取强迫手段。

因为他知道孩子并不关心蔬菜的营养丰富与否，而且强迫也不能长久奏效。在他跟孩子聊完天之后，他的孩子立即对蔬菜产生了兴趣。他的妻子很好奇他说了什么，他笑笑说道："其实很

简单，咱们的孩子很瘦弱，在做游戏的时候，小虎很强壮，总是能拿到第一，我就告诉他，多吃蔬菜，你就会长得比他更强壮！也能拿第一！"

激将法非常适合用于那些能力极强但是又心高气傲、性格急躁的人，因为只有这样的人才能正确面对刺激。当我们想要说服他人为我们做事的时候，不妨适当地对这种人使用激将法，进而调动他们的积极性和好胜心。

在英国某商店，一对夫妇对一条钻石项链很感兴趣，但价格太贵，便犹豫不决。售货员见此情形，便对他们说："首相夫人也是对这条项链爱不释手，只因为贵没买。"这对夫妇听了这话，马上掏出钱来，买下了这条项链，而且还得意非常。当他们听说首相夫人也喜欢这条项链，但因为太贵没买时，强烈的争强好胜的欲望就被激发了出来。于是，售货员便达到了目的。

求人成事时，可以直接或间接地刺激对方，通过隐藏的各种手段，影响对方，让对方进入"激动"状态，然后去按照你的意图产生一些行为。激将法一定要切中对方的要害，紧紧围绕追求目标，达到激而无形、不露声色才能使对方不知不觉地朝自己的预期方向发展。

苏秦和张仪都师从鬼谷子，都想实现自己的政治抱负。苏秦在赵国已经掌握权势，张仪却在楚国遭到驱逐。苏秦想联合六国抵抗秦国，但是还需要秦国的配合，于是他想到了同窗好友张仪，并把他请到赵国。

张仪到了赵国之后并没见到苏秦，而且还遭到冷落，与仆人同吃住。一天，苏秦终于召见了张仪，张仪刚想发怒。

苏秦却首先开口斥责他:"我可以向赵王推荐你,但是你现在的才能不足以让我推荐!"说完,就让人将张仪赶了出去。

张仪遭到羞辱,心中暗暗发誓:"我一定要比你今日还强,以报今日之耻!"

张仪离开赵国后,苏秦找了一位心腹手下,派他去帮助张仪在秦国立足。不久张仪靠着自己的才能和苏秦心腹的帮助,掌握秦国大权。苏秦心腹觉得自己已完成使命,便选择离开,并把苏秦的谋划告诉了张仪。张仪道:"我不如苏君矣!"

从心理学的角度看,当人的自尊心受到强烈的刺激时,往往会引起人的激烈反弹。尤其当能力高者被能力低者轻视的时候,他们的好胜心就会被立马激起,这时他们展现自己能力的欲望就更加强烈,进而给自己定下更高的目标,让自己面临更大的挑战。

激将法与反向激励法的相同之处是都用否定的言行去激发他人的自尊心和争强好胜心,不同之处是两者激发目的和对象不同。激将法主要激起他人的激愤情绪,所以要慎用。毕竟,激情是一种强烈而短暂的爆发式情感状态,一旦激情爆发,人的意识范围就变得狭窄,难以全面地、客观地分析情况,有可能引发过激行为,导致不良后果。在求人办事的过程中,合适地巧言激将,才能把办事者的自尊心、自信心激发起来,让他人不得不帮你。

7. 巧搬"第三者",事情更容易办成

聪明人都懂得通过借助别人的力量,来达成自己的目标。在说服别人的过程中,运用一些成功的故事、成功的人物,会使你的说服力得到更大的增强。所以,要学会借力,学会利用周围的资源。正所谓:"君子生非异也,善假于物也。"

权威效应,又被称为权威暗示效应或威望效应,简单来说,就是指一个人有威望且受人敬重,那么他所说的话或所做的事就会被别人重视并相信是正确的,即"人微言轻,人贵言重"。

弗兰克进入大学以后,一直想出人头地。他看中了一家著名的校刊,他想要成为这家校刊的编辑,因为做校刊的编辑是非常引人注目的,但是这并非易事。于是,他想到了在纽约当市长的叔叔,他想借用叔叔的影响。

一天,弗兰克来到叔叔家里,对他叔叔说道:"我们学校里的学生都很崇拜您,尤其想听听您的演讲,一睹您的风采。"他叔叔一时兴起,来到弗兰克的学校发表了一场演说,演说从头至尾都是弗兰克一手操办,演说完后,弗兰克又对他的叔叔做了一次单独采访。这样一来,校刊编辑部便注意上了弗兰克,认为他有当记者的天分,于是吸收他做了助理编辑。

现实中很多人之所以能成就一番伟业,就是因为有一棵大树,借以乘凉、蔽日。弗兰克成功借势,也告诉了我们,实际上,就像世界上著名的"七人理论"(指每一个人,都可以通过

六个中间人,认识到世界上的任何第七人),每个都有自己的人际关系,关键要看懂不懂得利用。

名人效应被运用于各个领域,例如广告、销售等等。就拿销售这一行业来说,如果某商品被提及某位知名人物曾经使用过或赞扬过,就会在一定程度上左右客户的意愿,使顾客信任产品从而顺利购买。

从心理学来说,引用第三者的评价会使顾客产生安全感,在一定程度上消除戒心。根据每个人的通常思维,很少有人去怀疑间接描述的事实的真实性,会认为你对他说的话是站在他这边分析的。如果只是将产品的价值直接说出来,顾客一定会表示怀疑、不信任。在说服他人的过程中,第三方的话语更具有权威性。

小李:"是张总啊,您好,您好!"

张总:"小李啊,我上回看中的那辆本田,还有现车吧?"

小李:"哦,那辆车,卖得不错,库存不多了,好车嘛!刚问了一下,就剩三台了,不过你看上的那个,它还等着张总您呢。"

张总:"我确实比较喜欢这辆车,但是价格上还是有些不合适,你看价格上能否再优惠些?或者同等类型的车还有没有其他的?"

小李:"价格确实高了一点,但物有所值,而且就同等车型来说,这款车是最好的了,再说了,张总您可是做大生意的人!开上它,保证您能多做成两笔生意。"

张总:"你们啊,不愧是做销售的,嘴上都跟抹了蜜似的。"

小李:"张总,我们的嘴可没您说的那么甜。哦,对了,张总,环球贸易公司的 CEO 赵总,您认识吗?"

张总:"哦,赵总,那可是鼎鼎有名啊,只是无缘,没有见过面。"

小李:"几个月前赵总在这儿买了一款车,跟您选的是同款,真是英雄所见略同。"

张总:"赵总真的买了这款车?"

小李:"这事我还敢骗您,真的!您看您选个什么颜色的?"

张总:"那好吧,就我上次去看的那款红色的,看上去很有活力,我下午去提车。"

权威效应之所以能够存在,是由于人的安全心理,也就是躲避风险的意识在做心理暗示。在很多人心中,权威人物的存在是楷模和正确的象征,他们的话语有助于加强自己的安全感,加强不会出错的"保险系数"。因此,权威效应有助于说服他人。

善借外力才能成为赢家。一个人是否真的有智慧,往往体现在做事的方法上。借用他人的话语,来佐证自己的正确性,能够增加话语的力量。"借"是一种思维与行为的艺术,是一种生存与成功的策略。就如同生命想要茁壮地生长,必须吸收营养一样。只不过这种营养,是一种不能觉察、不能测量的能量。他山之石,可以攻玉,懂得借力才是迈向成功之路的捷径。

借力成事,是成功的一个方式,本意就是借助别人的力量成就自己的事业和人生。借助他人的力量,借助对方的优势来弥补自己的不足,避开自己的劣势,这样可以更好地帮助我们成事。有句俗语叫做"一个好汉三个帮",只有善于借力,你才可以在遭遇困难的时候游刃有余。

8. 动之以情，用你的真心打动对方

我们在劝说他人的时候，只有动之以情，才能攻破对方的心理防御壁垒，进而达到说服他人的目的。

大多数情况下，在进行说服时，被劝说者一般都不会轻易采纳他人的建议，因为大多数人的心里都反感被说教，所以在说服他人的时候必须有一定策略，一定要把劝说建立在真诚的基础上，要让对方感觉到你是在真心实意地帮助他，为他的切身利益着想。

亚洲首富李嘉诚在刚刚踏入商海的时候，以一家塑料花厂起家。当时他接到一个外商的大量订单，但是需要大公司做担保。他走访了很多家大公司，都不愿意为他担保。没办法，他只能把实际情况都告诉了外商。外商的采购被李嘉诚的诚意打动了，最终决定这笔生意不需要担保。

但是李嘉诚却拒绝了对方的好意，说道："非常感谢您的信任，但是我现在的场子规模太小，而且资金也跟不上，很可能不能按时交单，所以，为了避免您的损失，这笔订单，我不能签。"

面对李嘉诚的君子风范，外商更是认定了这个生意伙伴，于是决定修改合同，即使面临风险也要合作，最终他们做成了这笔生意。

一个人说话真诚与否，往往决定着他能否真正感动他人并赢得他人的关注和信任。李嘉诚正是靠着这份真诚成为华人富商。真诚的态度，往往更能深入人心。说话的时候，如果连自己都不

能打动,那么你也很难感动他人。想要让感动成为连接自己与他人的情感线,首先就要有发自内心的真诚,才有可能让他人信服。

人,是感性和理性的综合体。只是有的人偏于理性,有的人更显感性。不管什么人,只要你动之以情,晓之以理,都可以将其说服。说话时要有亲和力,要善于用真挚的感情,平和的语言打动别人。这样才能达到说服他人的效果。

无数事实证明,说话的魅力并不在于说得多么流畅,多么精彩,而在于你是否能够真正地表现出你的真诚。当你表达出你的真诚时,就会赢得他人对你的信任,当彼此建立起信任关系时,说服他人,就不再困难。

英国的电气公司到某市的乡村去扩展业务,由于是乡村,就派去了一个经验不是很足的推销员。最开始不是很顺利,甚至有些户主根本就不理会他的叫门。几天过后,他总结了一下经验,再次叫开了一位老太太的门。

他热情洋溢地说道:"您放心,我不是来推销用电的。村子里所有人都说您的鸡蛋最好,所以我过来看看,想买些鸡蛋,然后用来做蛋糕。"

老太太用怀疑地语气说道:"你真的是来买我的鸡蛋的?"

推销员诚恳地说:"是的,看您养的鸡都十分棒,所以想买一些,回去好做蛋糕。"

推销员开始从什么样的鸡蛋做蛋糕好吃,到老太太养殖方法的高明,最后聊到加强光照有助于小鸡的孵化以及产蛋率的提高,慢慢地打消老太太的戒心,最终让老太太听取了推销员的建议,在鸡舍里安装电灯。第二天,就收到了老太太申请用电的表格。

推销员以对方关心的话题开始,娓娓道来,最终达成了自己的目的。从某种意义上说,推销员的成功就在于他恰到好处地表达了自己的真诚,表现出了人性的关怀,进而取得了他人的信赖。这说明,真诚才是说服他人,打动他人最重要的。

人与人之间,无论是合作关系还是朋友关系,都要互相保持真诚的态度。只有真诚才可以换来真诚,用谎言维持的友谊最后往往会分崩离析。当我们在劝说他人的时候,其实就是在与对方的情感防线作斗争,征服对方的情感是我们说服他人的必经之路。推心置腹,晓之利害是最容易突破对方心理防线的方式,因为这样的方式能让他人感受到你的真诚。当我们用真诚消除了他人自我防卫的潜意识和抵触的情绪后,我们的说服也就会被他人所接受。

中国有一句古语:"精诚所至,金石为开。"说服一个人最重要不是说得如何天花乱坠、惊天动地,而是要直达对方的内心,让对方感觉到你捧着自己那颗滚烫的真心!滔滔不绝的表述再怎么惊艳也比不上一句真情流露。想要以情动人,就必须学会以真诚待人,表里如一,不可虚伪。

9. 善意地给对方绝望感

在说服他人的过程中,有时候赞美和退让并不是万能钥匙。很多时候被说服者并不知道需要什么,而说服者提供的东西也不会被他所接受和重视。我们需要给说服对象"绝望感",即顺着他们的思路,指出他们的行为将会产生什么不良后果,进而让他们放弃对你的抗拒,接受你的"提议"。事实越充分,数据越详实,分析越仔细,说服效果就越好。

刘宇刚大学毕业,不想朝九晚五地上班,他想开一家旧书店,他父亲不同意,觉得他没经验且风险很大,但是又没办法说服他,只好找到刘宇的叔叔,毕竟刘宇叔叔是开超市的,应该会给些建议。

叔叔说:"我听说你想开个旧书店,是吧?"

刘宇说:"是,不太想做千篇一律的工作。"

叔叔说:"不错,好想法,年轻人有抱负。不过,你想怎么经营呢?你知道旧书的价格怎么定位吗?"

刘宇说:"这个倒是考察过,但是还不是十分清楚,叔叔,您有什么好的建议吗?"

叔叔说:"嗯,我恰好有个朋友是开旧书店的,效益还不错,我就跟你说说他的经营之道。"

刘宇连忙点头,他当然想听听业内人士的看法。

叔叔接着说:"我朋友不像你,高学历,有想法,有知识,我就跟你说说他在经营中遇到的问题。比如,他告诉我,新手刚开始开店的时候,肯定会把自己喜欢的书籍放在显眼的位置,这样做肯定会失掉大量的顾客。"

刘宇说:"嗯,我还真是这么想的。"

叔叔说:"他还告诉我,这行业里比较欺生。比如,你进一些比较难进的书,又不知道怎么定价,这时候,一些老手就会来全数购买,这样你为了销量沾沾自喜,但是书架却空了,同行则会高价转手。"

刘宇没做声，示意叔叔接着说。

"旧书就跟古董差不多，虽然没那么贵，但是也需要眼光，比如什么书，哪年出版，哪个出版社出的，新旧几成，什么时候再版了，这些都需要了解。最重要的是丢书现象对于书店是常事，尤其是工具书，一被偷就是一笔钱。"

刘宇沉默了一会，说："我真没想到，这旧书店里的门道这么多。看来，我还是太年轻啊！"

"这样吧，我说的也不太详尽，我把他电话给你，哪天约出来见面聊聊。"叔叔边说边掏出手机寻找电话号码。

刘宇答："请教是一定要请教的，不过我打算先去您朋友那做一段时间的店员，学习学习经验，做好储备之后再开店。"

"好，好小子，知道自己该做什么，叔叔这就给他打电话。"叔叔说。

刘宇的父亲松了口气，这样总比打无准备之仗要好得多。

说服他人，不一定要顺着他说，制造一点"绝望感"，指出将会发生的恶劣后果，进而让其放弃或改变自己的观点。这种方式被称为"绝望进攻术"。

绝望进攻术是一种谈判上常用的技巧，而用在说服他人上也是一种良方，一般分为"虚"和"实"两种形式。所谓"虚"，就是指出未来可能发生的不良后果。所谓"实"，就是现身说法，以实例证明必然会发生的恶劣后果。使用这种方式时注意说服者是否理性，如果不善于理性思考，那就多举实例，数据分析，反之，就多说未来可能会发生的事。具体问题具体分析，不要一概而论。

绝望进攻术是一种说话的技巧，具有较好的说服效果。这种绝望进攻术常令对方感到情况严重，产生绝望感，而乐于接受说服者的观点，有很好的说服作用。

想要说服别人，就要灵活地掌握方法。在不脱离事实的基础上，合理地利用数据，举出例证，善意地给对方"绝望感"，让对方自己联想可能的后果，进而达到说服的目的。

绝望进攻术是一种破釜沉舟、班师在后的技巧，也就是在不扭曲事实的情况下，让对方自己联想不良的未来，然后我们再予以解答，这样就会具有更好的说服效果。

10. 善用人性的弱点来说服

很多时候我们都需要去说服别人，说服你的学生好好学习，说服你的客户买下东西，甚至说服士兵去前线……让他人改变想法并不是一件轻而易举的事情，但是只要你掌握了"攻心"的策略，这件事也许就没那么遥不可及了。

人的一生将面临很多选择，大多数人往往在众多选择面前取舍不定，鱼与熊掌都想要，这是人之常情，也是人性的弱点。但现实却只能允许我们选择一条路。战国时大思想家孟子曾说："生，亦我所欲也；义，亦我所欲也。二者不可得兼，舍生而取义者也。"在孟子看来，义，大于生死。同样是面临生死和大义，二战时期的一次征兵演讲，也抓住了人性的弱点，使得无数的青年甘心战死沙场。

第二次世界大战爆发,美国参战,前线兵丁吃紧,需要大量征兵。但自南北战争之后,美国几乎没有打过几次大型战争,过惯了安逸日子的美国青年,对战争是畏惧的,毕竟谁也不想自己的生命无端地消失。就在征兵被大家抵制时,一位心理学家来到了征兵现场。

经过一番精心准备之后,心理学家开始了他的演讲:

"亲爱的孩子们,我很庆幸,你们如此珍视自己的生命,因为,每个人都只有一次生命。但是,孩子们,我们不能因为恐惧,而忘却了参军给你带来的好处。我以我的信仰起誓,我下面所说的每一句话都是真的。我反感战争,如果征兵令放到我面前,我一样会拒绝。"

"但是,我想可能还存在着一种侥幸心理。如果我真的参战了,我是不是只参加完训练就被分配到后勤了;也许我会成为一名汽车兵,为上将开车,这样就不用到炮火的前沿去了;也许我去了前线,但是我由于经受过训练,杀敌立功了,且只受了一点轻伤,我就成了战斗英雄了。这样想过之后,我发现没什么可担心的,即使受了重伤,我想我们的军医们也会治好我的,就算真的不幸运,我真的倒在了战场上,我想我的亲人也会自豪,虽然对不起,让他们伤心了。但是我想我的孩子应该会为此自豪,因为他的父亲是个英雄,一个为了国家而打仗的英雄。"

到这里,演讲就结束了。报名的人开始踊跃起来。

弱点,每个人都有,但是每个人的弱点又都不一样,而情感上的弱点却是每个人都有的共同点。从弱点入手,进而达到说服他人的目的,最好的方式就是操纵情感打赢攻坚战。心理学家就是先从情感入手，进而一步步瓦解对方的防御，探明对方需求，利用假设，让青年一步步地摆脱了畏惧的心理，最终达到了征兵的目的，巧妙地让青年们答应了上战场的要求。

美国一位有名的律师接手了一个错综复杂的案件，这个案件牵扯到了很多有权有势的人物，如果他贸然为无辜的被害人辩护，一定会遭到报复。所谓明枪易躲，暗箭难防，在这种情况下如果他不能想出自保的策略，很可能还没打赢官司，自己就从这个世界上消失了。

为此，他伤透了脑筋。在开庭的前一天，他终于想出了一个完美的策略。开庭之前，他对赶来采访的记者以及旁听席上的观众们说道："在这个案件审判完之后，如果我遭到了无辜的陷害或是被人冠上了什么罪名，一定是有人对我怀恨在心而刻意报复。如果我走出法庭之后神秘失踪或者被人谋杀了，请大家从我今天的辩护内容中寻找线索。"记者们把他这段话登在了报纸的头版，就算对方有权有势，也不敢轻易动这位律师分毫。

这名优秀的律师用几句警告性的语言让整个局面得以扭转。置之死地而后生的他事先说出了对方的不良企图，让对方想要报复他，但是又害怕矛头指向自己，只好作罢，在操纵了对方心理的同时保障了自己的人身安全，是一招绝妙的"攻心术"。

在说服别人的过程中，如果非要坚持自己的观点，试图将自己的想法强加给他人，只会让对方产生反抗和厌恶的心理，结果往往会适得其反。一开始就顺应对方的想法和需求，有意无意地将对方的注意力引到你的观点上来，才能最终达到说服他人的目的。

第六章

语言苍白让人生厌，有趣才不会冷场

1. 寻找对方感兴趣的话题，而不是泛泛而谈

人人都有自己感兴趣的东西，有的人爱好汽车、香烟、旅行，有的人热衷于谈论时装、书画、美食，有的人醉心于自己的工作，有的人则更关注自己的家人。每个人的兴趣点都不同，在人际交往的过程中，如果想和别人聊得投机，取得别人的信任，关键是你要学会聊对方感兴趣的话题。

就算是一个不善言辞的人，对于一个自己喜欢的话题，也能侃侃而谈，而且充满了激情，比如，你跟一个爱好旅行的人谈起各地的美景，他往往会兴高采烈，滔滔不绝地讲述自己的旅行经历，相反，你跟一个热爱汽车的人谈古董收藏，他则会反应平淡。谈论别人感兴趣的事是一种博取对方好感以及维系这种好感的最有效的方法。当你试图与一个人建立良好的关系的时候，最好是找一些他感兴趣的话题来说。

有一家酒店用品公司的业务经理，为了得到一家大旅社的生意，曾在两年的时间里不断地去拜访那家旅社的总经理，但总是引不起那位经理的兴趣。

后来她打听到那位经理是个基督教信徒，于是在某一次拜访

中，说话的时候她故意引用了《圣经》里的句子。对方问她："你信基督吗?"她说："我对《圣经》非常感兴趣，但是没有受洗。"这一下引起了这位经理的极大兴趣，于是他们就围绕《圣经》谈了起来，两人眉飞色舞地足足谈了半个钟头。临别时，主人还有些依依不舍，竭力向她推介基督教的各种好处。

这次谈话以后，酒店用品的业务经理立刻交了好运，因为没过几天，那家旅社就来了电话，要用她推荐的产品。

常言道："酒逢知己千杯少，话不投机半句多。"人们在遇到一个和自己有共同话题的人时，往往能够很快接受对方，而遇到一个和自己没有共同话题的人，往往半句话也不想与他说。说对方关心和感兴趣的事就是要激起对方谈话的欲望。

美国前总统罗斯福就是这样一个人，哥马利尔·布雷佛写道："无论对方是一名牛仔还是一位骑兵，是纽约政客或外交官，罗斯福都知道该对他说什么话。"

需要注意的是，"投其所好"技巧运用的关键在于：首先了解"其所好"，然后才能有的"投"矢，否则会弄巧成拙。说对方关心和感兴趣的事并不是那么容易做到的，我们必须花时间去了解这个人，只有真正了解了这个人，我们才能把握其感兴趣的事情。

宋彦霖想要聘请一位著名的园林设计师为自己公司的设计顾问。这位设计师已退休在家多年，且此人性情清高孤傲，一般人很难请得动他。为了博得老设计师的欢心，宋彦霖事先做了一番调查，他了解到老设计师平时喜欢作画，便花了几天时间读了几本国画方面的书籍。

他来到老设计师家中，刚开始，老设计师对他态度自然很冷淡，宋彦霖就装作不经意地发现老设计师的画案上放着一张刚画完的国画，边欣赏边赞叹道："老先生的这幅丹青，景象新奇，意境深远，颇有清代山水名家石涛的风格，真是好画啊！"这一番话使老先生的心里产生了愉悦感和自豪感。接着，宋彦霖又说："老先生的丹青笔力相当老到，您研习书画，一定下了不少功夫吧？"这样，宋彦霖进一步激发了老设计师的谈话兴趣。

老设计师和蔼地问宋彦霖："怎么，你也懂画？年轻人，很难得啊！"他的态度转变了，话也多了起来，随着深入地交谈，两人的感情越来越近。接着，宋彦霖环环相扣，将所谈话题一步一步引到了他的目的所在，终于，老设计师被宋彦霖说动了，答应担任设计顾问。

当你去了解一个人的爱好与兴趣时，你就能很快弄明白他喜欢什么方面的东西，而如果你在这方面的知识非常渊博，自然可以与对方相谈甚欢。记住，当我们对别人感兴趣的时候，就是别人对我们感兴趣的时候。

无论你是希望引起异性的好感，还是想要吸引一个陌生人的注意，抑或是想要赢得客户的关注，在谈话的时候，一定要首先让他对你的话题感兴趣，而让他感兴趣的话题当然是他的兴趣！

2. 来一个幽默开场白，炒热现场气氛

交际是现代社会的主流，不管是谈生意还是交朋友，喝酒吃饭，都是必不可少的。当然，我们都知道喝酒吃饭只是一种惯常

的形式，联络感情才是真正的目的。尤其是刚认识的朋友，酒桌上几个来回，也就成了知己好友了。

说起来轻描淡写，实际上在日常的人际交往中，如何把陌路变成知己还是要讲求一定的艺术和方法的，并不是人人都可以做到。其中最有效的方法是充分发挥你幽默诙谐的本领，在哈哈大笑中很快就能建立起感情。就地取材的玩笑是沟通交流中必不可少的，但是也不妨借用一些现成的小笑话来暖暖场。

一个公司聚会，菜都上齐了，领导却迟迟没到，秘书经验不足，不知道怎么寒暄，这时，领导姗姗来迟，冲秘书说了一句："茶！"

秘书灵机一动："1、2、3、4……"

领导没听懂，又说了一句："倒茶！"

秘书："9、8、7、6……"

领导被秘书逗乐了，笑道："你数什么呢？"

秘书边拿茶壶倒茶边说道："我呀！属狗。"

众人一听秘书这么说，在看秘书的动作，就知道是在开玩笑，众人哄堂大笑。

一般情况下，在一起吃饭的人多数是朋友，因此用一些无伤大雅的小玩笑就可以适当地炒热气氛。当然，幽默也要注意分寸，注意你的幽默玩笑是否涉及在座的人的伤疤，否则说出来的笑话不但不会成为炒热气氛的笑料，还会成为让气氛尴尬的冷水。展示自己的幽默时，分清场合，更要注意对象，如果上述故事中的领导比较严肃，秘书就会成为尴尬的开端。

幽默在人际交往中的作用是不可低估的。幽默可以使人际关系变得宽松、和谐,富有情趣,可以消除彼此之间的疏离感,让人们在一种轻松愉快的气氛中完成社交任务。人们常常说某人很诙谐,指的就是这个人会开玩笑,能展现幽默,而人们通常最喜欢的也是这种类型的朋友,尤其在社交场合,幽默的朋友总能在短时间内炒热气氛。如果谁的朋友圈子里有这样的朋友出现,一定会被大家称为"开心果",想必每个人都愿意与之亲近。

无论在什么场合讲笑话、开玩笑,如果想达到好的效果,一定要经过"揣摩",避开在座其他人的"雷",如果想到什么就说什么,开玩笑不经大脑,不仅没有任何幽默感可言,而且还会遭到他人的"攻击"。最终,造成误会是小,影响关系是大。

中国著名的学者梁启超先生,曾经在上课的第一句话就是:"兄弟我是没什么学问的。"然后停顿了一下,下面议论纷纷,等到议论声音小了点之后,又慢慢悠悠地说了一句:"当然,兄弟我还是有些学问的。"下面掌声雷动。

两句开场白,一句自谦,一句自傲,加上梁先生的语气,显得非常有趣。开场白不一定要语气激昂,也不一定要潸然泪下,简单的话语,配上合适的肢体语言,幽默一些,无论是效果还是"笑果"都会很好。当然,这里也有需要注意的,开玩笑的禁区,不仅是在语言上,有时还体现在肢体上。要注意幽默的分寸。

当我们想要开玩笑的时候,还要注意男女有别,更何况每个人的性格不一样,对玩笑的接受程度自然也是不同的,如果千篇一律地从自己的角度出发,那么早晚会被朋友疏远。开玩笑的前提是了解自己的朋友,这样才不会使气氛变得尴尬。

要知道，无论何时和异性朋友开玩笑，都要多加小心。就算这个异性好友不在意，他（或她）的另一半也不见得能接受。在和对方不熟悉的前提下，最好不要开一些内容低俗，气氛暧昧的玩笑，还是开一些大众化的玩笑比较好。

幽默是一门高级艺术，开玩笑也是一样。特别是同事、领导之间的玩笑，既要开得到位，又要注意分寸。一旦不小心，踩到同事的雷区，后果将不堪设想。

3. 用有趣的方式自嘲，成为自己的高端黑

明星们总是乐于接受别人的赞美，对自己的形象管理也都很重视，他们会通过微博等社交媒体对外展示自己的优点。但是，也有一类明星，他们也乐意分享自己不好的一面给别人。这不好的一面可以是搞怪的、故作丑态的照片，男扮女装的照片，自黑的照片。这些情况可统称为"自黑"。

黄渤是"自黑系"明星的典型代表。在电影《亲爱的》海报里，别人都睁眼，有观众问他，为什么只有他一个人闭着眼？

黄渤答："我眼睛小，我睁着眼和闭着眼，也没什么区别……"

黄渤从来不避讳，也不介意旁人对他外形的评价，他善于自黑，因为他发现当他把自己的姿态放到最低的时候，就再没有什么能让他更沮丧或者失落，反而会有更多向上的空间。

黄渤经常换着法儿地黑自己。2009年，他凭借《斗牛》获

得第46届台湾电影金马奖"最佳男主角奖"。他自嘲说自己长得就不像个影帝。

有心理健康专家指出,乐于自黑的人,才是真的心胸豁达的人。

只有内心强大的人才能保证在面对"吐槽"时毫不畏惧,甚至敢于接受别人当面的"挤对",然后以自黑化解。我们总是能发现,那些自黑的人就算不是你喜欢的人,你也不得不承认他因为自黑而变得可爱起来。

自黑的人把自己的弱点、缺点全都坦露出来,看起来是一件危险的事,但其实起到了保护自己的作用。你都把枪口对准自己了,其他人还好意思再黑你吗?

普通人也可以使用"自黑"来化解自己的弱点或遇到的尴尬时刻。比如,有人特别矮,站在讲台上参加班委会竞选,他说:"一看,我就是一个脚踏实地的人!你们看我离地面多近!""显而易见,我不高,也不帅,但这都不是重点,重点是我还很穷。"两句话引得台下同学哈哈大笑,瞬间大家就把他的印象从"那个特别矮的男生"变成了"特别幽默的男生"。

在适当的场合,拿自己的劣势自嘲一下,能让大家更容易接受你,觉得你大方幽默,也不会在意你的短处了。自嘲是剖析自己,借题发挥,自圆其说,博得众人一乐。善于自嘲,可以更好地让自己快乐、超脱起来。

北大的一次校友会上,主持介绍各位校友,介绍到新东方校长俞敏洪的时候,一时口误,说成了"北京大学校长俞敏洪"。等到先后任北大副教务长、吉林大学校长、现任北京大学校长的周其凤上台的时候，他一开口就说道："口误很正常，我刚到吉大的时候，就提醒自己，一定不要说自己是北大的，现在也一样提醒自己，千万不要说自己是吉大的。但是也没关系，我说错了，你们就鼓掌，这样我也意识不到，你们呢，到毕业的时候也可以跟别人说，我们北大的校长，整天说自己是吉大的校长。"台下掌声雷动。

北大校长的自嘲，不是贬低自己，而是善意地化解别人的尴尬。你的幽默，就是世界上最强大的武器。

豁达是幽默中不可缺少的一种元素。很多心理学家认为，嘲笑自己的失误是幽默的最高境界。但是，我们需要注意自己自嘲的情绪。如果我们潜意识里嘲笑自己，觉得自己犯了不可饶恕的错误，被他人笑话是应该的，那我们只会让自己感到屈辱。自嘲是化解尴尬，给自己的失误找一个合适的台阶，我们要消除潜意识里因失败产生的自卑情绪，这样才可以超越。如果我们认为自嘲只是嘲讽自己的错误，那么最后只会是顾影自怜，自认愚蠢，而失去了豁达、开朗的人生态度。

需要注意的是，自黑一定要把握分寸，自黑虽然是一种对自我不足的批判的行为，但并不等同于"自轻自贱"。高情商的人懂得"避重就轻"，通过幽默的方式讽刺自己，使事情变得既好笑又不失分寸。自嘲是不可多得的万能钥匙，拿自己来开涮，自己嘲笑自己，至少是安全的，高情商的人的金科玉律就是"不论你想笑别人怎样，先笑你自己。"

4. 第一次见面聊什么，才不会冷场

在生活中我们常会遇到这样的情况：与不太相熟的人走在一起，不知道说什么好；不得已与陌生人吃饭，只能默默抠着碗里的饭粒，不敢和对方对眼，生怕尴尬；到了一个新环境，不知道怎么融入……这些困扰说到底，是没有话题造成的。高情商的人聊天从不冷场，就是因为他们非常善于寻找话题。

《人物》杂志的一名记者在采访黄渤的时候，因为中间有别的事情被打断，再回来的时候，记者和黄渤都有点想不起刚才聊到哪了，气氛有点尴尬，黄渤主动接过话题："我们刚谈到哪里了？唉，我也有点想不起来了，别急啊，我们再慢慢聊，我先说点其他方面的，你看看有没有用？"主动找话题，化解记者的尴尬，这样的黄渤，被他自己自嘲为"服务型人格"。

黄渤总能恰到好处地找到话题，这种巧妙圆场的"服务型人格"自然引来了业内和广大观众的喜爱。与素昧平生者每次交谈时，还可以巧妙地借用彼时、彼地、别人的某些材料为题，引发交谈。有人善于借助对方的姓名、籍贯、年龄、服饰、居室等，即兴引出话题，常常会收到好的效果。凡是这一类眼前的事物，最容易引起人们的注意，只要其中有一样碰巧对方很有兴趣，那么，你与对方的交流就可以更深一步了。

在与人交谈的过程中，难免会因为话不投机，或者无话可说等原因冷场。这样尴尬的局面相信很多人都遇到过。一般来说，

冷场的主要原因大概有：彼此之间不大熟悉、跟异性单独相处的时候、身份地位差别较大、都是比较内向的人、有利害冲突的人、心境差别较大的人……

冷场是交谈即将失败的征兆，如果在交谈的过程中冷场超过20秒还没有人对谈话进行补救的话，那么差不多也就是该说再见的时候了。一旦冷场，就不应该在之前的话题上做过多的纠缠。主动找新话题，才是救场的关键。

比如：年龄大的人喜欢回忆往事，同他们聊聊民情的变迁、风俗的演化、本地市政的沿革等。由于掌故颇丰，他们往往会油然生出浓郁的兴趣。或者，如果没有别的话题，不妨向他们询问一下其子孙儿女的近况，一般都能撬开老年人的话匣子。年轻人则性格活泼，爱好广泛，电视、音乐、网络、旅游、美容等都可激起他们的兴趣。

下面是一些聊天的话题和技巧，让你避免在交谈中冷场。

（1）聊一些他会感兴趣的事

通常来讲，人们在聊关于他们自己或者自己喜欢的事情的时候，会更自如一些。为什么呢？因为人们对这类话题更了解，并且不用进行深入的思考就能脱口而出了。

和朋友聊天的时候你可以和他们聊以下的话题：

他今天过得如何；

他过去的经历（例如童年经历，喜欢做的事，等等）；

他的兴趣爱好。

（2）讨论未来

可以先以你想在未来某一天做的事作为引导，比如，想要去希腊旅行，想要演一出话剧，想写一本小说，或者想在船上生活……然后，问问对方都有哪些梦想。这里有一些切入点可以供你参考：

你想去什么学校读书？

你想学哪个专业？

你想在那座城市生活？

你想去哪里旅行？

你想做什么样的工作？

要注意的是在聊天的时候要引导对方多说，多让对方表达他的喜好或者观点，而不要一味强调自己。在这之中可以选择一些对方感兴趣的信息，对话题进行扩展。

如果实在找不到话题，可以"闲扯"，"闲扯"是与人交谈的重要组成部分。新上映的电影、附近新开的小店等都可以不让气氛冷场，主动找到大家感兴趣的话题，再次打开"话匣子"。

关心、体谅、坦率、热情，是打破冷场的最有力的"武器"。只要以这样的态度去努力，"坚冰"可以融化，僵局不难打破。希望你在对话遇到冷场时，能够以这种态度，运用上面介绍的技巧，作一次成功的"破冰"尝试。

游刃有余地避免冷场最重要的是，注意不断充实自己，拓展自己的见识。平时多看看新闻，读读时尚杂志，注意有意思的喜剧视频片段或者网络上流行的段子等。积累多了，就不会在冷场的时候一筹莫展。

5. 借题发挥的幽默，是对话中的彩蛋

幽默除了机敏、睿智之外，还常常被认为是一种宽容的表现。事实也的确如此。我们在和人沟通中，有什么不尽如人意的地方被别人直接指出来，难免会觉得芒刺在背。当我们要表达内心的不满时，如果能使用幽默语言的话，能让对方听起来更加舒服一些。

"借题发挥"，可不是把问题放大，而是当你正确地使用幽默纠正对方错误的时候，要有谅解他人的胸怀，并且不能有攻击对方的心理，否则你的幽默感就无法发挥出来。

有一次，著名主持人孟非跟朋友一起光顾了一家咖啡店，在咖啡端上来时，咖啡店老板认出了孟非。于是，他客气地问孟非他的咖啡店有什么不足之处，请孟非提点意见。孟非看了看桌上的咖啡，差不多只有半杯的量，便微笑着对他说："我有一个办法，可以让你立马多卖出两杯咖啡。"老板赶忙追问："是什么办法？"孟非说："你只要把杯子倒满即可。"闻听此言，老板不好意思地笑了。

运用正话反说的沟通技巧，幽默地表达了自己的意见——咖啡给少了，反而使气氛显得活泼和谐，让人拍案叫绝。孟非巧妙地运用幽默来表达失望感，并未让老板太过难堪。对于沟通来说，利用诙谐幽默化干戈为玉帛，无疑是最好的手段。

会说话的人能巧妙地用幽默的语言来化解可能飘来的一丝

不快,"借题发挥"的说法可以改变人们的感情基调和心态,建构起一个独特的幽默氛围,巧妙得体地使自己摆脱尴尬场景。

其实很多时候,一个人的幽默不仅可以帮助别人摆脱难堪,也可以同时给自己一个台阶下。这个时候幽默的人所赢得的称赞,往往不是在夸耀你的语言功夫,而是你的人格魅力。最重要的是,你因此而化解了很多矛盾,也赢得了很多朋友。

机智的妙答,往往离不开幽默的语言。只有幽默机智的人才能让有意攻击自己的人心服口服,无言以对。当一个人要表达内心的不满时,如果能使用幽默的语言,别人听起来会比较顺耳。即使在关系紧张时,也可以使彼此从容地摆脱不愉快的窘境或消除矛盾。

一次,威尼斯新执政官上任,举办了一场宴会,诗人但丁虽然与宴会主办方并不熟悉,但因为很有名望,也收到了邀请,并且应邀出席。宴会上,侍者献给意大利各城邦使节的是一条条很大的煎鱼,而给但丁送上的却是几条小鱼。

但丁没有品尝佳肴,而是故意当着主人的面,把盘里的小鱼逐条拿起靠近耳朵,然后又一一放回盘中。宴会主人不解此情况,就问但丁,为什么做这种莫名其妙的动作。

但丁站起身来,清了清嗓子,以在场所有人都能听到的音量回答:

"几年前,我的一位朋友,很不幸地在海上遇难。自那以后,我始终不知道他的遗体是否安然埋于海底。所以,我就问问这些小鱼,也许它们多少知道一些情况。"

宴会主人对此很感兴趣："那么，它们对你说了些什么呢？"

但丁故弄玄虚地回答："小鱼们告诉我说，那时它们都很幼小，对过去的事情不太了解，也许邻桌的大鱼们知道一些具体情况。它们建议我向大鱼们打听打听。"

宴会主人不由得笑了，转身责备侍者不应该如此怠慢，吩咐他们把大鱼给诗人端上来。

但丁在宴会中受到了不公的对待，是因为主办人的不熟悉，彼此间沟通不畅，换作一般人，很可能早已愤怒离席。而但丁没有拍案而起，而是幽默地指出对方过失，同时又用婉转的方式提出了自己的要求。宴会主人看了但丁的"滑稽"表现，忍俊不禁。其实但丁的这种方法，任何人听了都不可能无动于衷，必然是一边为对方机智的谈吐而笑，一边不无歉意地请求对方原谅自己的考虑不周，这样，就避免了提意见者和被批评者在言语上发生冲突，能够在和谐的气氛中达到双赢的目的。

诙谐调侃的人善于控制自己的表情，喜怒哀乐，或见之于形，或藏之于心，潇洒而自然。用幽默表达的不满，能因巧钻"空子"而带给别人欢乐。

同样的意思用不同的表达方式，结果往往天差地别。在日常的人际交往中，如果你有一些明知会造成彼此矛盾又不得不说的话，那就幽默地说出来吧，诙谐的暗示永远好过当面的责难。

6. 言之有物才有人愿意听

语言交流最重要的是要主题明确，开门见山，简洁明了，直奔主题，不绕弯子。最会说话的人，是语言简洁明了的人。口才最差的人，往往是那些喋喋不休的人，说了一大堆，也没有道出主旨。事实上，要将自己的话说得高效，就必须让自己的语言简练，以确保能在最短的时间内让对方明白你所说的意思。

1948年冬季，人民解放军为保护历史名城北平，也为避免流血牺牲，敦促傅作义将军举行和谈。但是他犹豫不决，下不定决心。刘存同老先生当时是他手下的少将参议，受地下党员杜任之的委托，决定说服傅作义将军。

刘老先生语重心长地对傅作义说："宜生，是当机立断的时候了，一定要顺应人心，和平谈判，万万不可自我毁灭，万万不可。"其实，傅作义是有和谈的想法的，只是他顾虑自己被看成叛徒。

刘老先生知道了这个症结后，就有针对性地开导他，讲了我国历史上商汤放桀、武王伐纣的故事。他说："汤与武王是桀、纣的重臣，后人不但不称汤与武王是叛徒，反而赞美他们深明大义。忠，应该忠于人民，而非忠于一个人。目前国事败成这个样子，人民流离失所，处在水深火热之中，人民希望和平。如果你能顺应人心，倡导和平，天下人会箪食壶浆来欢迎你，谁还会说你是叛徒？"

刘老先生这番话，设身处地为他的前途着想，于情于理，双面夹击，终于使傅作义将军下定决心，答应举行和平谈判，为和平解放北平拉开了帷幕。

老舍先生曾说："我们应该有点石成金的愿望，叫语言一经我们的手就变了样，谁都能说，谁又都感到惊异，拍案叫绝。必须馅多皮薄，一咬即破，而味道无穷。""皮薄"就是要说明白话，说通俗易懂的话，"馅多"就是要说有内容、有质量、有信息容量的话。

在现实生活中，人们最讨厌的就是废话连篇，半天说不到点子上的人。言简意赅，不说废话，这样才显得说话的人干练，所以，在与人交往时，要注意说话要简洁一点，这样才能够处处受到人们的欢迎。

一家工厂突然精简机构，秦梅从传达室被调到了车间，她非常生气。认为这是厂长有意整人，还要求厂长立即给她办理病休手续，要吃劳保。厂长跟她讲道理，她一句也听不进去。

车间主任也是女的，这天，她看到秦梅又来找厂长闹，就叫住了她，说："大姐，咱姐妹俩关系不错，来，到我这儿坐坐，有几句贴心话我想和你唠唠。"

秦梅一落座，就喋喋不休地把自己的"理"说了一遍，反正一个意思，叫她下车间是厂长有意整她。等她说完了，车间主任说："大姐啊，你说厂长整你，我觉得是你多心了。咱下到车间后，干活虽然累点，可是多劳多得，这不比在传达室里拿那几个死钱强吗？"

车间主任边说边观察她的表情变化，看到她的脸色不那么阴沉了，又继续说道："大姐啊，你一时生气，要吃劳保可是太不合算呀！你今年48岁，差两岁就该退休了。如果你现在吃劳保，那退休后的工资只能拿70%，你不就吃大亏了？你想想，咱辛辛苦苦干了一辈子，就差这么几天就熬不下来了？大姐，你好好想想，看我说得有道理吗？"

第二天，秦梅就穿上工作服到车间去了，她拉着车间主任的手激动地说："主任，这最后一步差点迈砸了，多亏你了。从现在开始，我就听你的了！"

我们常常能看见：一个人对某个计划或创意发表看法时说得天花乱坠，可是真让他去做的时候，却没有一个真正的目标，甚至没有办法付诸行动。他们一直在说，却从来不能说到点子上，那么如何让自己的话有内容、有质量呢？

首先，应尽可能多地掌握一些实用的词汇。福楼拜曾告诫人们："任何事物都只有一个名词来称呼，只有一个动词标志它的动作，只有一个形容词来形容它。如果讲话者词汇贫乏，说话时即使搜肠刮肚，也绝不会有精彩的谈吐。"

其次，要培养自己分析问题的能力。要学会透过事物的表面现象，把握事物的本质特征，并善于综合概括。在这个基础上形成的交流语言，才能准确、精辟，有力度，有魅力。

故作高深的长篇大论，别人听不明白，自己费了九牛二虎之力，也无法达到沟通的效果。我们说话要做到浅显易懂，把抽象的问题具体化，复杂的问题简单化，做到言之有物，这样才能达到与他人沟通交流的目的。

7. 灵活运用修辞，让表述形象生动

我们上学的时候都在语文课上学过，比喻的作用主要有两个：一是对事物的特征进行描绘或渲染，使事物生动具体，给人留下鲜明深刻的印象；二是用浅显的或人们熟悉的事物对深奥难懂的事物加以说明，便于人们理解。通过比喻，化平淡为生动，化深奥为浅显，化抽象为具体，化冗长为简洁。

用比喻来对某某事物的特征进行描绘和渲染，可使事物生动形象具体可感，以此引发听众联想和想象，给人以鲜明深刻的印象，富有很强的感染力。对道理进行比喻，用浅显易见的事物对深奥的道理加以描述，化抽象为具体，化繁为简，帮助听众理解。

《笑林广记》中有这么一则笑话：一县官拜见上司，谈完公事后，上司问："听说贵县有猴子，不知都有多大？"县官回答说："大的有大人那么大。"县官自觉失言，赶忙补充说："小的有奴才那么大。"这里，县官情急之中言语失礼，冒失之后，赶快补救，贬低自己，以示道歉，更是拍马屁，令旁观者哑然失笑。

在幽默口才中运用比喻这种手法，要做到自然贴切，不留痕迹，这样才能达到比喻的效果。产生幽默的一个重要途径就是运用比喻。它使死板僵硬的语言变得形象、生动。幽默滑稽的最佳素材也多来源于使人感到别具一格、出乎预料的比喻。

比拟等修辞手法可以将复杂、抽象、深奥的道理通俗化。一些寓言常常使用这种方法，比如《伊索寓言》中有一篇讲道："苍蝇站在风车上，大言不惭地说：'风车的转动，都是我的力量'。"在某些人夸耀自己在某事中的功劳时，把这个寓言讲给对方听，相信定能够让他醒悟。

俞敏洪就曾经做过这样的比喻：

"新东方的成功光靠我一个人是不行的，新东方的成功来自于一批人的个人魅力，我唯一做到的就是把这批人笼络在一起变成一个团队——新东方的团队，典型的是每个人的个性不一样，我有一个比喻，新东方每个人都是一颗珍珠，我愿意做把珍珠串起来的线，非常耐磨，有自我修复功能，这条线（在）这些珠子中不值钱，但是能把大家串起来，变成美丽的项链。"

"新东方每个人都是一颗珍珠，在串成项链以后，价值会倍增。现在我愿意变成这么一根线，实际上我也正在做这个工作。线必须坚固耐磨，不管被什么磨都不能断，也就是说我的忍耐力和承受力、宽容度必须是极大的，只要这根线不断，新东方珍珠项链还会再长。所以我觉得我只要做好这根线就行了。"

人是有情绪、有情感的动物，当道理讲不清楚的时候，不妨以情绪、感受将其中的道理具体化，让人能够更深刻体会。恰到好处的比喻可以带来源源不断的幽默，并且可以使人们在愉悦的同时，得到一些启示！

练好口才很重要，巧妙运用比喻，能给语言涂上一层绚丽色彩，增加讲话的形象性、生动性和感染性，让语言更精彩，前面讲到的机智回答，不仅很好地表达了自己的意思，更让人觉得风趣可爱，用好比喻需要注意以下几个问题：

（1）两者相近

比喻的本体和喻体必须是完全不同、但又有极相似之处的两种事物。属性相同的事物，难以激发人们的联想，没有比喻的意义；而没有相似之处的事物，根本不具有可比性，也不能用来比喻。

（2）通俗易懂

比喻要浅显，生动具体，与听众的生活非常贴近，只有这样才能让人更容易理解和接受。

（3）形神兼备

这是指对比的两事物不仅要有外表的共同点，还要有内在特质与神情上的相似点，以便能揭示事物的精神实质。

（4）自然贴切

比喻是增加语言色彩的好方法，但比喻不是越多越好，不能为了比喻而比喻，不能出于猎奇而矫揉造作、故弄玄虚，比喻应有创造性，不能老用那些已经为人熟知的比喻。不自然的比喻，不但不能为讲话添彩，反而会让听众反感。

8. 人们更愿意同有幽默感的人聊天

英国思想家培根说过："善谈者必善幽默。"幽默的人往往有很好的人缘，几乎所有的人都喜欢与这样的人聊天，因为与这样的人聊天不仅能让自己身心愉悦，更能被他言语中的睿智所折服。有句话这样说:"幽默是智力过剩的表现。"一个幽默的人对周围的人总是有很强的吸引力。

幽默能显示出一个人的风度、素养和魅力,能让人在忍俊不禁、轻松活泼的气氛中工作和学习。幽默是一种高深的说话艺术,幽默不仅能给周围的人欢乐和愉快,同时也可以提高个人的语言魅力,为谈话锦上添花。

张敏是一个非常活泼的女孩,在办公室里,她就是大家的开心果,闲着没事的时候,大家都喜欢和她聊天。她之所以会如此受大家的欢迎,最重要的原因就是她说话非常生动幽默,常常把简单的聊天弄得像是一场喜剧。这在枯燥的办公室里,无疑是一个亮点。

有一次,张敏因为工作的一些事情需要陈志帮忙,于是,她便借星期天这个机会带着 8 岁的儿子捧着一盒包装精美的礼品登门拜访。临走时,坚持要陈志留下礼物,说:"根号 2 啊,收下吧!"

"根号 2?"陈志愣住了。

哪知那 8 岁的鬼灵精接着说:"根号 2 = 1.414,就是,意思意思而已啦!"

陈志听后不禁心领神会地笑了。

还有一次,在工作中途休息的时候,一只美丽的知更鸟停在窗台上,不停地欢叫着。张敏出神地打量着小鸟,许久,张敏转过头,对同事们说:"对不起,诸位,我要失陪一会儿了,因为我与春天有个约会。"言必,微笑着走了出去。就在大家愕然不解的时候,张敏已经扑到了阳台上。同事们这才反应过来,对着她哈哈大笑。

一个是一本正经的大学教授,一个是幽默机灵的喜剧演员,你愿意和哪个人聊天?肯定是喜剧演员。闲聊的目的就是放松,如果你总是和不苟言笑的人聊天,那可真是自讨苦吃。有幽默感的人无论走到哪里都是受人欢迎的,因为他总是能给他人带去快乐。

如果说语言是心灵的桥梁,那么幽默便是桥上行驶最快的列车。它穿梭在此岸与彼岸之间,时而鲜明时而隐晦地表达着某种心意,并以最快捷的方式直抵人的心灵。

幽默是成功社交的捷径,是一种能博得好感、赢得友谊的好方法,适当的幽默能帮助你与他人建立和谐的关系,赢得别人的信任和喜爱。一个人无论从事什么工作,无论处在何种地位,与人交往是不可避免的。幽默不仅能更好地与他人进行有效的沟通和交往,还能帮助我们处理一些特殊的人际关系问题,让我们能顺利地渡过困境。

女钢琴家一次在美国迈阿密州的福林特城演奏,发现到场的观众不到五成。这让她既失望,又尴尬。但她并未因此就取消演奏,而是以幽默的语言打破了僵局。女钢琴家微笑着走向舞台,对前来的观众说:"我想这个城市的人一定很有钱,因为我看到你们每个人都买了两三张票。"话音一落,大厅里充满了笑声。

这位女钢琴家的成功之处就在于她对空座位原因的解释虽然荒诞,但却很奇妙,让幽默产生的喜悦压倒了因观众少而产生的沮丧。荒诞一些,幽默意味也就会强一些。

不论在任何时候,任何场合,幽默都能帮助我们迅速成为焦点，生活中，处处都有幽默的种子存在，只要我们善于观察，就能够让幽默成为我们的一种特质，让幽默成为我们建立人际关系的法宝。

9. 严肃的问题，风趣地说

在日常生活中，我们常常需要给别人提一些意见，说一些"忠言"。但是，有时候意见提不好不仅不会得到自己想要的结果，反而会适得其反。所以，提意见也要讲求一定的诀窍，把本来可以直说的话，委婉地说出来，用风趣的办法表达，从而产生一种耐人寻味的效果，这样更容易达到预期的效果。

传说汉武帝晚年时很希望自己长生不老。一天，他对侍臣说："相书上说，一个人鼻子下面的'人中'越长，命就越长，'人中'长一寸，能活百岁。不知是真是假？"东方朔听了这话，知道皇上又在做长生不老梦了，脸上露出一丝讥讽的笑意。皇上见东方朔似有讥讽之意，面有不悦之色，喝道："你怎么敢笑话我？"东方朔脱下帽子，恭恭敬敬地回答："我怎么敢笑话皇上呢？我在笑彭祖的脸太难看了。"汉武帝问："你为什么笑彭祖呢？"东方朔说："据说彭祖活了八百岁，如果真像皇上刚才说的，'人中'就有八寸长，那么，他的脸不是有丈把长吗？"

提意见，从出发点来看是出于好心，但不小心就会得罪别人。如果能把直言劝诫的"忠言"变成幽默风趣的语言，既表达了自己的意见，又使对方在笑声中认识到了错误，最终达到让对方听取你意见的目的。

人们都知道"良药苦口利于病,忠言逆耳利于行",但是在现实中,真正能接受逆耳忠言的人毕竟不多,大多数的人宁可听那些甜言蜜语、糖衣炮弹,也不愿听一些逆耳的忠言。所以,当你打算给别人提建议的时候,如果有一些不方便说出口的话,或者不能直说的话题,就需要将"词锋"隐去,或将"棱角"磨圆一些,用幽默有趣的语言,以便于对方更好地接受。

一天,郑板桥的夫人捉到只老鼠,就拴着老鼠的尾巴将它吊在屋子里。夜里老鼠不住地吱吱叫,吵得郑板桥一夜没睡好。他埋怨夫人,夫人却说:"我小时候,有一次好不容易做了件新衣裳,却被老鼠啃坏了。所以我最恨老鼠。"

郑板桥听后笑了:"兴化的老鼠啃坏了你的衣裳,又不是山东的,你恨它做什么?"

夫人似有深意地说:"你不是也恨范县杀猪的吗?"

郑板桥恍然大悟,随即即吟诗一首:"贤内忠言实难求,板桥做事理不周。屠夫势利虽可恶,为官不应记私仇。"

原来,郑板桥早年的生活很贫苦。有一年大年夜,他们家没钱买肉,就从屠户那里赊了一个猪头,刚下锅,屠户就上门要回去了,转手高价卖给了别人。这件事让郑板桥一直耿耿于怀。后来,郑板桥来到山东范县做官,就特别规定杀猪的不准卖猪头,自己吃也要交税,以示对屠户的惩罚。夫人觉得此法欠妥,就想了一个方法说服他。

在提建议时,有时要有意避开对方的讳忌点,绕道而行,从对方感兴趣的话题谈起,不要过早暴露自己的意图,为了说服他，应按照预定的迂回路线，步步靠近。当对方跟着你的谈话走完一段路程，就已经在不自觉间向你的观点倾斜了。这就是硬话软说的妙处。

对于一些容易引起争吵的敏感话题，更不应开门见山，而适宜从对方关心的话题切入，要想批评一个人而又不伤感情，甚至让对方感激和喜欢你，最有效的是间接暗示对方，提醒其注意自己犯的错误。

忠言建议必须逆耳吗？答案是否定的。

我们可以打个比方。假设一个团队的部门经理，在他知道部下已经尽了最大努力但还是把事情办砸的前提下，尽管没有对部下做过多的指责，但还是忍不住要向部下提出诸如"下次再不能重复上次的错误了"之类的忠告，这时，即使你指出的问题很有道理，对方也很有可能不买你的账，显然，这样的忠言效果就是失败的。

很多时候，我们会听到一种道貌岸然、满口仁义道德的"忠言"。虽然我们听起来并不舒服，但我们仍旧强迫自己必须把"忠言"当忠言，像喝苦口良药般虚心地采纳，但经过实践之后，才发觉苦口良药和忠言逆耳根本就不可同日而语，将二者彼此互喻或类比，实在有些牵强，因为忠言是不能当做药汤从人的嘴巴往肚子里灌的。

经验和事实告诉人们，世界上还没有哪个好心人，愿意把对他人的劝语故意说得像割人耳朵般难听。诚如一个作家所言，察纳忠言，固然是应有的雅量，但不上道的忠言，还是不听为好！当然，逆耳的忠言不是没有，但它只是整个"忠言系"当中一个小小的部分，而且献言者大多数还带着情绪或仅仅是为自己找一种悖论的借口，更多的有效的忠言，还是来自友好与善意的诱导。逆耳的忠言并不是最好的忠言。

　　无论你面对的是朋友、是同事、亲人，还是泛泛之交，只要你是真的有意向对方献上忠言，那么就请你先把自己的情绪调整好，把嘴管好。做到这一点，你所提的忠言和建议就就更容易被对方采纳。

第七章

嘴巴不甜不招人待见，
赞美的话人人都爱听

1. 物往贵处说，人往年轻讲

有句老话是"遇物加钱，逢人减岁。"这是在告诫我们日常交流中要学着去抬高别人，多说别人爱听的话。电影《甲方乙方》里有这样一个情节，葛优饰演的姚远面对着已经古稀岁数的老大娘问道："大娘，您有四十了吧？"一句话让老大娘笑得十分开心。

在人际交往中，你善意的夸赞能帮你轻易地打开陌生人的防备，因为喜欢听别人夸自己是人的天性，好听的话能使人如沐春风。在这好听的话里，称赞、赞美这些抬高别人的用语又最为动听。不要怕别人说你虚伪，除非他愿意去否定自己。善于说赞美的话，能让我们在人际交往中迅速打开局面。

宋婷婷是个爬山爱好者，每周末都会跟同事一起去爬山，可这周末同事有事，她便独自去了山上。好不容易到了山顶，眼前的风光美不胜收，身边却无人可以讨论分享，这时她瞥见了爬山时在她前面的那位中年女士，便过去打招呼："你好，山顶的风光真好呀。"

这位女士只是微微一笑，朝她点了点头，并没说话。

宋婷婷想了想，便再次开口道："爬山时你一直在我前面，看着身手特别灵活！"

对方终于开口说："年纪大了，爬山全靠这身装备呢！"

宋婷婷赶忙说："姐姐，你看着很年轻呀，还有你的运动鞋，一看就非常轻盈，肯定很贵吧！"

对方听了眉开眼笑，"也没多贵，主要是适合我的脚型……"

没一会儿两人就开心地说了很多，也一起欣赏了眼前的风景。

很多时候，赞美别人能迅速拉近彼此的距离。有时候我们苦于不会拓展交际圈子，不会在说话中交朋友，其实这哪里是什么难事，交朋友需要我们积极主动，更需要我们去发现别人的优点长处，没有什么人是一无是处的，哪怕在第一次见面时找不到什么特别的闪光点，我们依然也可以"说"出来。每个人都希望自己在别人眼里是体面的，美好的，而在谈话交流中，赞美的语句最能直观地让别人体会到被尊重的感觉。只有维护对方的自尊，才能让对方有心思考虑其他。请相信，没有人不爱善意的赞美。

梁经理所在的公司计划推出一系列新产品，公司十分重视产品的宣发，将这件事交由梁经理负责。闻风而至的很多家广告公司，纷纷联系梁经理，想拿下这笔生意。

某广告公司的业务员谭剑，在这天约好了跟梁经理面谈。打过招呼后，谭剑指着梁经理办公室的一幅字说道："您的这幅字是自带气场呀，我没什么这方面的修养，可这字一下子就把我吸引了！"

梁经理哈哈一笑，回答说："这是我闲着的时候，写着玩儿的,别当真。"

谭剑听了,用十分佩服的语气说道:"梁总,您真有才华!从学校出来不用五年就做了副总,不像我,现在还是个跑业务的。您可得多提携提携我。"

梁经理笑得更开心了,赶忙让谭剑坐下,谭剑坐下后接着说道:"您的公司把消息一放出,我就立马做好了准备,能拿下您公司的一个单子,顶我半个月的忙活。就是这竞争太激烈了,说实话,我们公司虽然很小,但是质量和创意绝对符合您公司的需求……"

梁经理笑着说:"咱不急,好好说说细节,一会儿午饭时间咱们一起吃。"最后谭剑谈成了这笔生意。

当人受到称赞、听到悦耳的话,大脑就会处于一种放松的状态,这时候人的意志是比较薄弱的,最能给说话的人以"可乘之机"。

因此称赞别人不仅是博取对方好感的方法,更是给自己创造机会的钥匙,只要和对方建立了愉快的关系,那之后无论是合作、帮忙还是发展其他关系,都有无限的可能。

抬高别人也是一个有技巧性的东西,有需要我们注意的地方。

(1) 不盲目赞美

开口赞美别人前,先做做功课。

比如,你要和一个成功的企业家结交,你可以先去了解他的生平背景,取得过什么成就;你有求于一位老师,可以先了解他的家庭相关,他的兴趣爱好等。然后在谈话中将这些巧妙地转化成赞美的内容,对方一定会非常高兴。

(2)抬高别人要有限度

谈话是一门艺术,艺术都是张弛有度的。过分地抬高别人,别人会感到虚假,你在别人那里就失去了信用。赞美的话说太多,往往会模糊谈话的重点,容易双方都跑偏。最好在交谈的开始赞美几句,看到对方心情愉悦就可打住。也可以在交谈过程中装作无意地真情流露,给几句称赞,让对方感到小小的惊喜。

总而言之,学着在说话时称赞对方,是一种说话之道。它能让你在人际交往中快速获得别人的喜爱,拥有与陌生人走近的机会。抬高别人不是多难的事,只要你摆好心态,学习好称赞别人的技巧,相信你到哪里都不会孤单,做什么都能游刃有余。

2. 从对方得意的地方说起

你一直引以为傲的秀发,被别人由衷地赞美了,你是不是会特别开心,认为他有眼光从而对他产生好感呢!这就是赞美别人时的一记妙招,从对方得意的地方说起,往往会一招制胜。

谭明和王莉莉是多年前的同学,私下里都是社区志愿服务小组的成员,关系一直不远不近。有一次,谭明被莉莉请到家里做客,这是她第一次去莉莉家,进门环顾了一下莉莉家的房子,她说:"莉莉,我长期从事室内装修的工作,但是从来没有见过装修得这么精致的客厅。"

莉莉微微一笑,说:"这是我自己设计的,让别人来设计我都不放心。我工作太忙，装修完就直接住进来了，也没在完工后再调整调整。"

谭明摸着墙上描绘的花纹说道："这已经很完美了！你的地板用的可是英国橡木？意大利的橡木质地不是这样的。"

"是的。"莉莉兴奋地站了起来，回答说，"那是从英国进口的橡木，是我的一位专门研究室内橡木的朋友专程去英国为我订的货。"

她们愉快地谈了一个下午，几天后还相约一起去看电影，就这样变成了一起玩耍的好朋友。

在每个人的心中，自己都是重要且独特的，每个人也都会有自己觉得非常独特、值得骄傲的东西或事情，即他的得意之处。得意之处往往在于他向其倾注了太多心血，如艺术家十年磨一剑出来的好作品，这个作品寄存了他很深的感情，就像他的孩子一样，是不容置喙的。若你夸赞了他的得意之处，等于向他说"我能欣赏你的才华，我是懂你的人"。士为知己者死，你若能通过赞美对方的得意之处而获得他心中比较重的分量，那这赞美是多有价值呀。

李乐大学毕业后就没再见过张老师，后来他为了工作上的事亲自登门拜访。考虑到学生时代与张老师关系一直很疏远，李乐进门后除了寒暄几句，便一直不知如何再开口。看见桌上的围棋，他猛然想起老师是个业余棋手，得过很多次省内的大奖。于是李乐看着围棋，突然问道："张老师，我前段时间在电视上看到过围棋大赛，您参加了吗？"

张老师笑着摆摆手，"我老了，下不动了。"

李乐又接着说:"确实应以身体为主,不过说真的,就您的围棋水平,不说学校里,就咱省内也没几个您的对手。"

张老师哈哈一笑,说道:"我上次在省内拿奖,是好久的事了。"

"也没多久,我和同学们都还记得清清楚楚呢!"

张老师听了,有些感动地感慨着:"是吗?亏你们有心,还一直记着老师。"

……

很快两人就聊到了很多,最后李乐在工作上的问题,也被张老师解决了。

可能有时候,我们作为别人生命中一个短暂的过客,并不需要去投入那么多个人的情感,甚至我们就是带着目的前行,赞美不过是一种工具。所以有的人就选择敷衍了事,随便夸夸,这其实是一种错误的做法。想要省时高效地赞美别人,就要学着去赞美对方的得意之处。

对方的得意之处,往往就是对方的兴趣所在,无论你是出于什么样的目的和对方交谈,在一开始说话就让对方产生兴趣,你在对方心里就已经留下了一个好印象,对方在心里开始接纳和喜欢你,那么以后的交谈也一定会愉快而且顺利。

谈论别人得意的事不仅是博取对方好感的方法,还是促进别人继续努力为你做事的最强烈的兴奋剂,要想建立良好的人际关系就必须学会这一招。比如,你要和一个成功的企业家结交,你可以先去了解他曾经取得过什么样的辉煌的成就;你和一个艺术家结交,你可以先了解他曾经在艺术生涯中获得过什么样的奖励等等。只要你能在与对方的谈话中，有意无意地提到这方面的内容，他一定会非常高兴的。

那么，我们从什么样的渠道可以获知对方得意的事情呢？首先，我们可以从对方的人脉圈着手，通过他人探知这方面的信息；其次，我们还可以多多与其接近，从他的谈话中获知，每个人都喜欢炫耀自己得意的事情，从他的口中得知的信息，会更加准确。

总而言之，大多数人都喜欢被肯定和赞扬，只要你在谈话的时候，多谈对方得意的事情，对方必定乐于与你交谈。

3. 发挥"高帽子"的作用

给人戴高帽子，就是夸奖、恭维别人。发挥高帽子的作用，就是我们在日常交流中，要学着多去赞美对方。让对方心里高兴，我们的交往就会顺利很多。

"帽子"是一样很重要的东西。古时候，为了显示自己的身份和地位，当官的、有钱的常常戴着一顶漂漂亮亮的帽子。由此引申出了"高帽子"的概念，就是指人们当面说他人的奉承话，它出自《笑林新雅》里的一则故事：

有个门生被委任去地方做父母官，离开京城前，专程去和老师道别。老师告诫他道："在外做官，麻烦事很多，千万要谨慎一些！"门生回道："老师放心吧，我已经准备好了一百顶高帽子，每人各送一顶，地方上便可人人高兴！"老师发怒道："我们应以忠直之道对待别人,何须如此呢?"门生叹了口气,说:"弟子也是无可奈何,天下像老师这样不喜欢戴高帽的人,能有几个呢!"老师听了很高兴地点头说:"你说的也有道理!"门生出来对朋友说:"我的一百顶高帽子,已经剩下九十九顶了!"

正如这则故事里发出的感叹,世上的人有谁不喜欢受人称赞呢!

日本有句格言:"如果给猪戴高帽,猪也会爬树。"这话虽然听起来很不雅,但多少也能证明这样一个道理:当一个人的才能得到他人的赞扬和鼓励的时候,他就会产生一种发挥更大才能的欲望和力量。如果想使自己在某些方面有所提高,就必须表现得好像已具有这方面的优秀素质。

给人"戴高帽子"就是恭维他人、赞美他人,人人都需要来自他人的赞美与欣赏,因为这能满足人的自尊心。常言道"礼多人不怪",一般来说,人们对于他人赠送的"高帽子"总是来者不拒、乐于接受的。古往今来,三教九流,能有几个人是从来不喜欢"戴高帽子"的呢?

一对年轻的夫妇带孩子去某景点玩耍,买票时售票员要求他们为小孩子购买半价票,这对夫妇很是不解地问道:"这么小的孩子也要买票?"售票员指着孩子身边的身高线,说道:"您的孩子够高了,该买票了。"

孩子妈妈很不高兴地说:"可我家孩子还没上学呢。"

"你的孩子还没到上学年纪,就长这么高了!哟,说明营养吸收得好,长大了这个头可不得了。"售票员这么一说,这对夫妇很开心地摸摸孩子的脑袋,给孩子补了张票。

恭维话人人爱听，高帽子人人爱戴，如果给对方送的高帽子恰如其分，适合其人，那么他一定十分高兴，对你肯定就有印象、有好感。所以，学会给人"戴高帽子"，是扩大、增强自己人际关系网络的一个好办法。

不过高帽虽好，尺寸也得合乎规格才行，给人过重的高帽是不明智的。如何给人戴一顶漂亮、合适的"高帽子"，大有讲究，不是随随便便送一顶就可以的。要知道，"高帽子"送得好就是赞美、称颂、欣赏，送得不好，则就是阿谀、献媚。好的"高帽子"有这么几个主要标准：

（1）"高帽"戴到长处上

人是喜欢奉承的，即使明知对方讲的是奉承话，心中还是免不了会沾沾自喜，这是人性的弱点。换句话说，一个人受到别人的夸赞，一般不会厌恶，除非对方说得太离谱了。

奉承别人首要的条件，是要针对别人的长处，要有诚挚的心意及认真的态度。轻率的说话态度，很容易被对方识破，而产生不快的感觉。

（2）"高帽"最好背后戴

这是至高的技巧，在各种恭维的方法中，在背后颂扬人，要算是最使人高兴的，也是最有效果的了。

如果有人告诉我们，某某人在我们背后说了许多关于我们的好话，我们会不高兴吗？这种赞语，如果当着我们的面说给我们听，或许会使我们感到虚假，或者疑心他不是诚心的，为什么间接听来的便觉得悦耳呢？因为透过第三者之口，更能让人感受到话语的真实性。

（3）高帽不能乱戴

对于不了解的人，最好先不要深谈，要等你找出他喜欢的是哪一种赞扬，才可进一步交谈。最重要的是，不要随便恭维别人，有的人不吃这一套。"高帽"首先要让人相信和接受，不能把傻孩子说成天才，那样会让人明显感到离谱；其次是美丽高雅，不能俗不可耐，糟蹋自己，也让别人倒胃口；再者便是不可过白过滥，毫无特点。

想要在人际交往中游刃有余，就一定要会说话，而想要会说话，就得会给人戴"高帽子"，即我们要学会抬高别人，在别人面前保持谦虚，适当放低自己。

4. 请教就是最好的赞美

孟子说："人之患在好为人师。"孟子这句话，说出了人们的一种潜在欲望，就是喜欢充当他人的老师，满足自己的成就感。与别人交谈或者在职场、生活中，我们需要利用他人好为人师的这种心态，掌握"装不懂"的说话之道，这是一种配合别人满足感的说话方式，这并不是故意奉承，而是表现出欣赏他人的态度，用"请教"的方式来博得别人的好感。

这和一些电视节目很相似。我们在看一些访谈类节目时，能发现主持人说的不多，基本就是在提一些问题，嘉宾就问题做出回答，讲述很多自己的故事。这其实就是主持人代表观众们在向这些名人们表达赞美，嘉宾是很享受这种访谈里的提问的，这给了他们诉说自己成就及成就背后一些故事的机会。

李翰是当地的一个家具商人，某天店里来了一位客人，想购买一台冰箱。李翰把店里所有类型的冰箱都推荐给了客人，并逐一做了详尽的介绍。可这位客人挑剔至极，每台冰箱都有他不满意的地方，最后空手离开。李翰觉得客人就这么走了心有不甘，便留下了客人的联系方式，跟他承诺有新的冰箱会通知他。

没过多久，李翰的店里又进了一批冰箱，他正想通知这位客户有新货时，突然改变了主意，他打电话邀请客人到他店里，想向客人请教问题。客人一听到商人要向他请教，心里很高兴，于是来到了李翰的家具店。

李翰礼貌地问道："我觉得您对冰箱非常了解，我刚购置了一批新的冰箱，还没有确定价格。请您来帮我把握一下质量和价格。然后告诉我，什么样的价格比较合适。"这位客人感到非常得意，居然连家具店商人都会请教他关于冰箱的问题。他把冰箱仔仔细细地研究了一下后，语气坚定地告诉李翰："这台冰箱值2000元，你的店绝对不亏。"

李翰问道："2000元，顾客会满意这个价格吗？"

"我就是站在顾客的角度，绝对又好又便宜。"

"那如果是以2000元的价格把这台冰箱卖给您，您愿意吗？"

果然，这位客人最终爽快地买下了这台冰箱。

请教对方，就是在肯定对方的能力，表示对对方能力的信任，这的确是最好的赞美。既不像直接展现在话语上的恭维那样，显得刻意，又能让自己获得很多实际的好处。请教别人其实就是在主动放低自己,抬高别人,向对方传达的是"我在这方面不如你"的讯息,因此对方就会生出一种优越感,从而感受到你衷心的赞美。

其实"懂装不懂"也可以作为一种交际手段,在与对方谈论事情的时候,对方往往会说一些自己擅长的东西,在这个时候你若表现出"您说,我非常想了解您说的内容"就会正中对方"下怀",对方会非常高兴地跟你谈论,也就增强了人际关系。

穆雅搬新家后的第一个周末,邻居非常热情地邀请她去家里做客。一进门穆雅就看到邻居家里好几处都摆放着插花作品,自己学了很久的插花,发现这些作品整体可以,但也有一些瑕疵。

邻居看到穆雅盯着这些花,说道:"我可喜欢插花了,这些都是我的作品。"

穆雅见邻居对自己的作品很自豪,便只称赞了几句,邻居听后微笑着说:"我只短暂地上过培训课,后来就一直在家里练习,慢慢总结出了很多技巧。"

穆雅听了,顺势说道:"那能给我讲讲您总结的技巧吗?"

邻居听了,非常高兴地说:"当然可以,我很乐意分享我的诀窍……"

到了晚上,邻居留穆雅一起共进晚餐,俩人也从邻居变成了朋友。

为什么人人都有好为人师的心理呢?这是因为别人向你请教,说明你在某方面具有一定的优势,而且你得到了别人的肯定和重视!人总是希望能体现自己的优越,而别人的请教恰恰让这份优越得以展现。懂得了这个道理,我们就可以利用这种普遍的心理去接近别人或赢得别人的好感,这就需要你扮演学生的角色,向对方请教一些问题,即使这些问题对你来说或许根本就不是问题。

在日常交流中,我们要想获得对方的好感,就要给别人"当老师"的机会,虚心向他们请教,有的时候你不妨给他们提供一个表现的机会,这样更有利于你们顺利地交谈下去。

不管怎么样,请教都是一种让交际双方"双赢"的方法:一方面,求教的人可以学到更多的知识和经验;另一方面,授教的人会从帮助中体会到一种心理满足。

5. 多说别人的长处,少说别人的不足

在与人交往时,我们都知道拣别人爱听的话说,别人不爱听的话最好不说。夸赞别人的长处,就是说别人爱听的话,当你赞美一个人的长处时,对方无论是羞涩还是否认,内心总是会感到开心的,并且会对你产生好感,甚至觉得你会识人、口才了得。与此相反,揭别人的短、笑话别人的缺陷,就是在说别人不爱听的话,这样只会触怒别人。

办公室里新来了一个同事,大家下班后一块儿聚餐。新同事介绍说:"我叫王波,大家以后可以叫我波子。"谁知一群人都偷偷笑了起来,王波见状不解,这时同事老李喝多了,大声地说道:"你可不能叫波子,因为我们办公室已经有一个跛子了。"

这话一出,大家纷纷看向坐在角落里的方辉,方辉一时间又

生气又难堪，立刻离开了餐厅。王波这才注意到方辉走起路来一只脚很吃力。

第二天清醒了的老李向方辉道歉，方辉不仅不接受，还主动向公司申请调离了该办公室。

生活中不乏这种人，说起别人的生理缺陷、能力短板毫不顾忌。这样没有口德的人，除了给别人造成心理伤害，他的朋友也会越来越少！同样是说话，把别人的短处换成别人的长处，就可以让你赢得对方的好感、友谊、信任，何乐而不为呢？

我们都是人，对于自己的长处，都想把它露出来，自己的不足，我们则怕别人看见。于是在别人提到了自己的长处时，正中自己下怀，说到了我们的短处时，则让我们倍感羞耻。我们何不利用人们这种普遍的心理，在交往中多说别人的长处，少说别人的不足，以此来拓展、处理人际关系。

元朔看到广场上聚集了很多人，便也走上前去凑凑热闹。原来这里正在举办三行诗歌大赛，在场的人都可参加。元朔便要了纸笔，走到一旁写了起来。

写好的诗歌标好顺序，统一贴到展板上，由在场的人投票选出优胜者。投票结束了，展板上的其他作品都有人投票，唯独元朔的诗歌没人欣赏，他安慰自己，从小到大自己就没什么突出的优势，也从没人夸他，早习惯了。正欲离开之际，比赛的一位工作人员叫住了他，说："看了你的作品，我一下就被吸引了，因为你的字写得实在太好了！"

元朔一下子愣住了，居然有人这么夸赞自己的字，这曾是他引以为豪的地方，可他身边的人似乎从来都不关心他字写得怎样,只会强调学习成绩。如今这位工作人员的话,让他很感动。

"我们接下来还会在这里举办写字的比赛,请你一定参加。"

"我会的。"元朔一口答应,又接着问道,"我能和您交个朋友吗?"

"非常荣幸!"

有时候,可能就因为你的一句夸赞,你就多了一位朋友。不要小看语言的魔力,尤其是对别人优点的赞美之词,常常会带给你意想不到的惊喜。同时,我们对别人长处的称赞,也是一种对别人有益的行为。

比如,你肯定对方引以为豪的事,给他鼓励和支持,就会让他忘记不开心的事。如果对方对自己的某些方面缺乏信心,你就要帮助他分析自己的长处,把有利于他的事多说说,从而增加他的信心。

下面说一说怎么做能更好地说出别人的长处,又避免说到别人的不足:

(1) 主动发现别人的长处

平时多想想别人的长处。遇事多看别人的长处,坚持有意识地锻炼自己,时间长了就会养成善于发现别人的长处的习惯了。

(2) 综合起来看别人

不要孤立地去看别人的件事情。人都有短处,也有长处,如果一个人某一件事做得不对或者让人不理解,不要就这一件事情概括一切,然后整个否定一个人,说某某如何如何坏,或如何如何无能,这是不全面的。要学会综合看待别人,才能正确了解一个人。

（3）开口前多想想

想好了再说。说某人的一件事情，评价某某人，要想好了再说。不要抢着说，不要无中生有，对人不负责任。即使在掌握确凿事实的情况下，还要考虑对人的影响程度，一般要尽可能地保护他人，多说别人的长处、好处，不要把人一下子置于死地。要知道人与人关系复杂，我们要尽可能婉转地讲别人的错处。

多说别人的长处，少说别人的不足，应是我们在日常与人交流中值得去注意的规则。不要口无遮拦到所有朋友都得罪光才去后悔。我们既然要夸奖别人，就一定拣别人爱听的话去说，别人听得开心，彼此的交谈才能更加舒心。

6. 情商的最低要求：少泼冷水多夸赞

李炎制定了一整套的减肥计划，刚实施一天，就被一同事特意劝阻："没用的，你肯定坚持不下去，你以前失败多少次了。"晓琴努力了大半年时间，终于考上了研究生，同学子悦知道了，特意发信息跟晓琴说："研究生出来还不是要自己找工作，干吗浪费这三年。"语贤刚交了个男朋友，正处于恋爱的小幸福中，结果被表姐说："他一看就不是专一的人，你最好和他分手。"

几乎我们每个人身边都有这样爱泼别人冷水的人，以一副众人皆醉我独醒的姿态对别人的一腔欢喜进行打击，还美其名曰"我是为你好"。殊不知在别人看来，这就是一种到处秀自己优越感的低情商行为，这种人在社会生活中常常是气氛的破坏者或话题的终结者，若不知收敛，只会越来越不受欢迎。

相反地，对别人的幸福致以衷心的赞扬，对别人饱含热情的尝试给予真诚的鼓励，不仅会带给别人信心和快乐，更能令自己感到愉快，因为夸赞别人是一种自然散发正能量的行为，是一件既利他又利己的行为。

周澜辞职后准备自己经营一家网店，她兴冲冲地把计划告诉了身边的人，没想到大家都不赞同。周澜顶着压力独自做着开店的功课，越做越想放弃。一次偶然间，她在街上碰见了老同学林华华，两人交谈起来。

"我想开个网店，不知道能不能行。"

"这想法好呀，我觉得可行。"

"你真这么想的呀？可大家都泼我冷水，让我取消这个打算。"周澜没想到林华华这么支持自己。

"你很聪明，也一直很有生意头脑，你真的可以去试试。"

……

和林华华的一番谈话，让周澜重拾信心，她决定把网店开下去，并立即开始了行动。

半年后周澜的网店已经回本盈利，她亲自拿了店里的衣服给林华华送去，还邀她加入网店，一起赚钱。

由此可知，赞美是一种多么神奇的力量，美国心理学家威廉·詹姆士指出：渴望被人赏识是人最基本的天性。

真诚的赞美会让我们沉浸在别人的喜悦当中，自己也就快乐了起来。

老盯着别人的缺点看，对自己并没什么好处，学着发现美、夸奖别人、激励别人，也是一件令自己感到愉快的事情。因此，不妨多在你身边的亲友身上寻找优点，尽量多夸赞他们，夸得稍微过分一点也没有关系。在把夸奖之词说出来之前，你就已经得到了回报。

每个人身上都有值得其他人学习的地方，每个人都有自己的闪光点。也就是说，只要你有一双善于发现别人优点的眼光，就不会缺乏夸赞别人的时机。从上面这个故事中，我们可以看出，夸赞别人对于被夸的人来说，可能会产生很大的影响，对他的未来会起到一定的积极作用。

在社交场合，学会适时地赞扬别人身上的优点，本身展现的就是自己的一项优点。千万不要被羡慕嫉妒蒙蔽了双眼，不要吝啬对他人的夸奖，要将你发自肺腑的赞美之词时常用于口头表达中，无论对你还是对被夸奖的人而言，都会带来很多好处。

那么，如何做到少泼冷水多夸赞？

（1）提高自己的人文素养

理性固然很重要，但在社会中，你每日打交道的是具有感情的人类，因此要学着有温度地对待别人，提高自己的情商。你可以多读书，扩充自己的见闻，从而做到心胸宽广，海纳百川，也可以多参加社交活动，跟着别人学说话。

（2）把自己的位置摆正

再亲密的关系，你也只是相对地熟悉对方，对方的感受、能力你并不能完全知晓，所以说话要有分寸，把自己的位置摆正。另一方面，交流的前提是彼此能够互相尊重，双方是平等的，你没有权力去对别人的事情指手画脚。

(3) 让夸赞的话成为常用语

赞美的话时常准备着,每个人都有自己的说话习惯,你可以强迫自己养成夸赞别人的用语习惯,如多说一些"哇,这很不错""有道理""很棒哦"等含有肯定意义的词语,一旦你习惯了说这些词,你就会下意识地去躲避那些令人消极的否定、质疑类用语。

少泼冷水,因为你不由分说的一盆冷水,浇灭的不止别人的热情和欣喜,还有别人对你的好感,无论你出自什么样的想法,别人都只会感到尴尬和扫兴。多夸赞别人,你的夸赞无疑是锦上添花,会让融洽的气氛更融洽,甚至还能帮助别人重塑信心,重新开始。

7. 赞美的话要具体,一概而论听起来像敷衍

赞美的话人人都爱听,可赞美的话却不是人人都会说。内容空泛的赞美,常使人摸不着头脑,显得生硬而虚假。具体化的赞美,则凸显你的真诚,容易被人接受。

若你夸一位女士的相貌,不停地说人家漂亮,对方可能以为这不过是你随口一说,不如换成"你的眼睛很有神采,鼻子也长得小巧"或者夸赞对方"你很有电影里女主角的感觉",相信换成是你,也一定会对这样的赞美有所注意。

一位有名的画家新到一个地方举办画展,展出的画作受到当地人的一致好评。画展结束,观看画展的人都想与该画家握手合

影,便纷纷跑到休息室对画家大加称赞:"您的画作我十分喜欢""您画的太好了""这些作品多么优秀"……画家对这样的赞美早已司空见惯,只翻着书籍,丝毫不为所动。

这时,一直站在旁边的一个年轻人说道:"您展出的最后一幅画,色彩的运用真是绝妙,橙色和蓝色的搭配本来会很突兀,但您的运用就非常和谐!"

画家听了,立即示意助手把这些人都请出去,唯独留下这个年轻人。

画家看到年轻人颇为不解,便对他说:"那些人恭维我,不过是冲着我的名气,凑热闹而已,也许根本就没怎么看我的作品,只有你尊重了我的作品。"

说罢,主动和这位年轻人握手合影。

我们常说言之有物,赞美别人也是如此,说话无凭无据,就容易变成谎言。一概而论的赞美是缺乏态度的赞美,最为人所看轻。只有你的赞美建立在事实上,细节饱满,有所指代,才会得到别人的肯定,进而相信你的话语。所以,赞美别人时,记得说细节,说具体。

在古代有这样一个故事,一对兄弟合伙经营了一家布庄,奇怪的是,老大每天都能卖出很多布。老二却没做成一桩买卖,常被大家嫌弃。

某天,老二看到客人进店,赶忙迎了上去,开口便说:"这位官人英武不凡,我店的所有布料您都能穿!"客人听了只尴尬地摆摆手,没有回应。

老大一看这位客人身形矮小,十分平凡。便立即把老二拉到一边,自己上去说道:"我看您笑容温和,走路气势平稳,定是胸有笔墨,我店绣有梅兰竹菊四种图案的布料,绝对和您相称。"

客人点点头,跟随老大去看了布料,生意很快做成。

客人走后,老二抱怨道:"不是你让我多多夸赞别人吗?"

老大回说:"夸人要夸到实处,客人才会领会,以后少说虚头巴脑的话。"

我们赞美别人的目的就是打动对方,获得好感。空洞没有实际内容的赞美,只会让对方更加疏远你。因为赞美的不到位,会让对方觉得你无根无据、虚情假意,从而感到莫名其妙,甚至会觉得你油嘴滑舌。赞美别人是一件有学问的事,我们要把其中的道理都梳理清楚,才能在说话时有理有据,说出的话才能产生好的效果。

那么如何有效避免赞美别人时陷入一概而论、假大空的误区里呢?下面提几点建议:

(1)赞美之前,先观察

任何不做准备的讲话,都将漏洞百出。我们在平常的生活中,要用心观察你身边的人,及时发现他身上值得赞美的地方,或者他做过什么事情值得赞美。只有经过事先的观察,才能在赞美时有话可说,才能说得具体,说得详细。哪怕你需要夸赞一个陌生人,也应先花一分钟左右时间做个大致观察,同时也能组织一下语言。

(2)真实才能具体

假的东西说得越具体只会越假,只有你夸赞的是对方真实拥有的优点、特色、成就等，才更加可信，最好赞美别人既真实存在又显而易见的地方，这样我们才能越夸越具体，才能出效果。

（3）从细节说起

想要夸得具体些，不妨抓住一个小细节，从它入手。假如你要夸一个人的衣服，可以从衣服口袋开始说起，也可以从衣服颜色夸起……一件事、一个人、一种优点，这些都包含太多细节，找准方向，把握细节，赞美的话，就能生动许多。

大剧作家莎士比亚的名言："赞美是照在人心灵上的阳光，没有阳光我们就不能生长。"被人赞美是一件幸福的事，大家都爱你真诚的赞美。抛弃那些假大空的赞美之词，用具体又生动的语言把赞美描绘出来，相信别人会很乐意去享受。

8. 不留痕迹的夸奖既让人舒服又吸引对方主动接近

夸奖的话太过直接，会让人一时难以应对，反而可能会造成尴尬。有的赞美太过露骨，就变成了阿谀奉承，会引起别人的反感。比如你对着一个商人赞美道："您的企业做的实在是太成功了！"这样的话对方很容易怀疑你的动机，同时也会降低对你的好感，会想：原来你也是一个为了办事而阿谀奉承的人。

我们要学着在言语上不动声色地赞美别人，这种说话之道对于我们来说非常重要。因为一次成功的赞美往往就是建立在你不露痕迹的话语上。当你成功地赞美到别人时，别人心中总是会非常高兴的，口里连说："哪里，我没那么好，你真是很会讲话！"

即使事后回想，明知对方所讲的可能是恭维话，却还是没法抹去心中的那份喜悦。

在这个社会上，会说赞美话的人，肯定比较吃香，办事儿顺利更是顺理成章。求人办事之前，一定要对办事对象的情况有一些客观的了解。只有知己知彼才能针对不同的对手，采取不同的会谈技巧。一定要根据不同人的身份地位、性格爱好和其心理采取不同的赞美方式，并把握分寸，才能把事情办好。

曾经有位建筑商人要盖一座楼，但在盖楼的途中，资金出现了空缺，他去了很多家银行都没有获得相应的贷款。很快所剩资金只能够维持几天的所需了，着急之余，这位商人想起了他认识的一个富商朋友，或许能帮他筹到贷款。

如愿见到这位朋友后，商人却隐瞒了自己的来意，反而对一栋老楼大加赞赏。

"可以说我毕生的梦想就是建造一座像钟鸣大厦那样的大楼，只有它的设计能同时做到气势恢宏又结构精美。"

对方听了，略含笑意地说道："这么多年过去了，钟鸣大厦早已经破旧和过时了。"

"可在我心里它依然是经典！不瞒您说，我在它的不远处正建造着一栋楼，就是想和它比邻而居，向它致敬。却没想到资金出现问题，如果不能在钟鸣大厦旁建造成功，我将抱憾终生。"

在商人告别之时，这位朋友主动提出为他解决银行贷款的事。商人也是偶然间得知，钟鸣大厦出自这位朋友之手，他一向淡泊名利，当年设计时向大众隐瞒了自己的信息。

有经验的求人者并不是一开始就切入正题的。每一个人几乎都有这样的习惯：喜欢听别人提及自己的事，谈论自己所关心的事。所以求人者有必要多花心思研究对方，对他的喜好、品味有所了解，这样才能顺水推舟。你可以不去赞美对方的成就，完全可以在说话间不动声色地加入一些自己的小观点，比如："您养的花开得真好，我也想要几盆。"或者"如果我是你的话早就把这事搞砸了。"

不留痕迹地夸一个人是最好也是最难的一种方式，但以下几种方法可以帮你很好地做到这一点：

（1）转换对象

有时候赞美对方本人会显得刻意，我们可以通过转换赞美对象的方式来达到不露痕迹的赞美。比如对方是一位母亲，你可以称赞她的孩子乖巧懂事、有礼貌有教养，这比称赞她本人效果还要好。转换对象一定是和你要赞美的对象有紧密的关系的，你如果赞美的是他的邻居或八竿子打不着的同学，相信这人并不会太感兴趣。

（2）背后称赞

背后称赞别人是比较高明的一种方式，当别人从第三方得知你对他的赞美，便会认定这是你发自内心对他的看法，对你的好感度会飙升。我们在背后称赞别人时，一定要说给可靠的人，以防止有的人故意使坏，造成双方的误会。

（3）向对方请教

这种方式可以分为三个方向，第一，向对方询问细节，如"这个题目这么绕，你是怎么解开的呀！"通过细节的提问，让对方有很大的空间来自我讲述，大大满足了对方的优越感；第

二、问难度,如"这件事这么复杂,我是不是很难办成呀",答者回答这个问题就是在变相地夸自己;第三,向对方讨经验,"听说这个游戏你过了最难的一关,能分享下你的经验吗?"这样说一方面表达了自己的羡慕之情,同时也是在给对方表现的机会。

夸奖别人分很多种方式,方式不一样,效果自然就不一样。不留痕迹的夸奖能让对方感到舒服,会从心里对你产生认同,以至于还会主动地接近你,可以说是夸奖别人最好的一种方式。但凡方式,就要讲求方法,因此夸人一定要聪明地夸,有技巧地夸才能达到不留痕迹的境界。

9. 想让对方做什么,不妨在这一方面夸奖他

有时候我们请求别人在某件事上帮忙,什么努力都做了,别人却不为所动。其实不妨试一试换个思路,想让对方做什么,就在这一方面夸夸他。即通过给对方戴高帽,来博取对方的好感,从而愿意去帮助你。

王卉成和妻子两地分居10多年了,原因是妻子的工作在外地,想调回来很不容易。

这事搞得王卉成筋疲力尽,但又无可奈何。此时,在他妻子调动过程中起关键作用的某局换了新局长,新上任的局长是从外地来的朱局长,王卉成听说这位朱局长能急人之急,为群众办真事、实事,他先了解了几个受朱局长帮助的例子,然后登门

拜访。

他一开始没谈自己此行的目的，先是替群众感谢朱局长，说他是真正为人民做实事的公仆。朱局长很谦虚，说："哪里，哪里，他们的确有困难，有的已经分居好几年了，就是调不到一起，我只做了我应该做的事。"

到了这个关口，王卉成就提出了自己的问题："朱局长，我也有点小事，需要麻烦您，我和妻子已经两地分居10多年了，一直没有解决。本来不打算找了，听大家都在说您的政绩，心中仰慕，来请您帮帮忙。"

接着王卉成介绍了一下自己的情况，朱局长让他回去静候佳音。果然，一纸调令到手，王卉成一家团聚了。

每个人都希望得到别人的赞美，每个人都对别人有一份期待，希望得到别人尊重，希望自己应有的地位和荣誉得到肯定和巩固。因此，你若能恰如其分地赞美别人，正好可以满足对方的这个心理，他对你产生了好感，才会帮助你成大事。

当一个人很有兴趣地谈到他的专长，或他所取得的成绩，或他所开展某项业务的辉煌时，你适时地提出与之相关的要求，在这样的时刻，他拒绝你的可能性最小，你的要求得到满足的成功率最大，这是经过心理学家及社会学家的实验所证明的。

也有时候，我们不是求人办事，而是"求人做事"。

江丽华最近老是心情不好，她是一家视频网站的研发主管，手里的研发任务又多又重。虽然手下的设计师艾森非常有能力，可是不太好管理，对自己下的命令，总是一拖再拖。对此十分发愁的丽华将此事告知了老板，老板给她想了一个方法。

"从我接手你们开始,我就最重视你,你的想象力和动手能力不是公司其他人能赶上的。"丽华诚恳地对艾森讲到。

原本以为主管是来批评自己的艾森,不想听到的是一通夸赞,这让他有些意外,又突然感到些许愧疚。

丽华接着说道:"我很珍视你在设计方面的才华,它若哪天丢失了,我会比你更伤心。可能你最近累了,我给你几天假期,给你自由。"

艾森听到这里,十分感动于丽华对自己才华的赏识,连忙摆手道:"我可以,我可以正常工作的,之前一直拖延任务,真是抱歉!下午我就把海报做出来。"

我们在工作中,上上下下都要做好沟通,才能把工作做好。不同的人往往需要不同的沟通方式,遇到问题,不要光是自己着急发脾气,可以反其道行之,从赞美的角度出发。比如,当你要让下属做什么事时,不妨先赞美一下他们在这件事上是多么有能力,激励他们去主动开拓自己。

下面我们说一说需要注意的地方:

(1) 找准方向再夸

我们提倡想让对方做什么,就在这一方面夸奖他。所以我们要把握好这个方向,夸赞的话要紧紧围绕主题,不说其他。如你想拜托一位当教师的朋友给你的孩子补补课,那就只夸赞她在教学上的能力,千万不要这里夸一句,那里夸一句,这样往往会使效果减弱。

(2) 赞美和请求需要一个时间差

我们在赞美别人时,带着让别人帮忙的目的,因此赞美过后，就是我们的请求。但若中间不留一个缓冲的时间就立即发出请求，容易让你之前的赞美显得虚假。最好因人因事而异，可以对别人赞美之后，稍作停留，再提出请求。有时候甚至要你几次三番的赞美后，别人才会有所考虑，因此，不要着急，随机应变即可。

赞美的话人人都爱听，你想让帮忙、做事的人也一定爱听。当然了，为了让事情解决，赞美的话要挑着说，要围绕着主题去说。

第八章

没有同理心就没有沟通,
感同身受让听的人更舒服

1. 学富五车，不如关心别人感受

与人交流，多考虑别人的感受，是一件很重要的事。毕竟人类的感情大多相通，你有的七情六欲，百般感受，对方也有。观察我们身边人缘好的人，你会发现和他们相处确实感到愉快和轻松，因为他们会设身处地为你考虑。

他们不会在落榜失意的你面前庆祝自己的好事，不会在单身的你面前疯狂秀恩爱，更加不会把自己的痛苦强加于心情不错的你身上。关心别人的感受，让我们在说话做事上多了一种分寸感。

当年有部讲述拐卖儿童的电影《亲爱的》很受关注，作为主演的黄渤与人物原型彭高峰等人接触过。后来媒体在采访时特意问到了那次接触的事，黄渤这样说道："这个故事我们走了多少遍了，心理很复杂，觉得说什么都无力，都是很残忍的。我们跟彭高峰见面的时候，他是小孩找回来了的，旁边还有好多是小孩没有找回来的。如果都是小孩找回来的，还可以聊一下这个过程。可这样一种情形之下能说什么呢，说什么都很残忍。"

我们很多人会有一种误解，认为关心别人的感受是件很简单的事，于是就不屑去做，只在自己认为很重要很难的事上付出心血。殊不知关心别人的感受,说起来容易,做起来很难。

有一次,日本松下电器总裁松下幸之助要招待客人,一行人去了一家高级餐厅。松下点了一份牛排,等到大家都用完餐后,松下示意助理把餐厅的主厨请过来,并且强调:"是主厨,不是经理。"助理看着松下盘子里剩余的半份牛排,不禁想到定是这家店的厨艺不精,让总裁失望了。

主厨来到松下跟前,因为知晓客人的身份,于是略带紧张地问:"抱歉,牛排不合您胃口吗?"松下笑着说;"牛排非常好吃,你是位出色的厨师。"说完这句又带着委屈的口吻说道:"可我只能吃一半,我已经80岁了,身体不允许我把这道菜享用完,真是遗憾。"

主厨没想到松下竟说了这样一番话,松下的客人们也都很诧异。这时松下又对主厨说道:"我想得把这原因当面告知你,因为我担心,看到顾客只吃了一半牛排的你会伤心,甚至自我怀疑。"

可以想象到那时候在场的所有人,都会由衷地赞叹松下先生的智慧和善良吧!一个人做到学富五车虽然不易,可只要足够勤奋和聪明就可达成,而做到关心别人感受则是需要大智慧的,因为这一举动包含着内心的善良和对他人的尊重,闪耀着人性的光辉。

用心体会别人的感受,从而多为别人考虑,你就会成为一个值得大家尊敬的人。赢得大家尊敬的前提就是自己首先尊重每一个人。唯有真心才能换来真心,这是任何语言技巧都带来不了的效果。

蔡康永曾在一本书里写道:"我新领悟到的说话之道,就是'对你好',因为我说得让你开心,你也会把我放在你心上。"学会照顾别人的感受，很多时候，得利的还是我们自己。

　　付伟在学校里是出了名的好人缘，朋友一大堆，且个个都夸他。本身学习成绩不是非常出色的他，却几乎次次都被选为三好学生。

　　刚到学生会任职的时候，因为课业繁重，学生会常常在周六早晨召集大家开会，成员们每次都苦着脸参加，付伟也不想那么早起床，可当他想要抱怨时，又想到主持会议的部长们只会比他们更辛苦，他们要负责开会，写标题，起得肯定更早一点，心里肯定更不乐意。若自己和成员们的抱怨被他们知道，只会加重他们的辛苦。于是每次开会前，付伟都会主动早一点到达，帮助部长们一起准备会议，还会和成员们及时沟通，让大家多多理解。

　　后来付伟在部长和成员们的支持下，一直做到了学生会主席。

　　做一个关心别人感受的人，让我们的胸襟更广阔，也使我们的人格更完善。有时候，与人交流，亲切和疏离就在一线之间，你多为别人考虑了一下，就多了一位朋友、一个支持者。我们在为人处世时，不要斤斤计较自己的得与失，太过自私的人最终会成为孤家寡人。多学着体会别人的感受，别人才会在意你的感受。

2. 如果心不在焉，还没开口你就输了

　　与人交流不在于话语的多少，在于态度的好坏。哪怕你在和人沟通时一句话也没说，只是在一旁认真听别人讲述，对方也会

觉得你善于相处。这是一个态度的问题。若一个人在与人交流时不能沉下心来，哪怕他说再多，也给不了这段谈话任何价值，因为他没有为自己的发言做任何思考。

我们在与人交谈时保持一心一意，是谈话的基本礼仪。你的全情投入会让对方感觉到被尊重，感觉到他在你心中的分量，于是会更开心，更有兴趣地与你交谈。反之，你在交流时频频走神，或表现出无聊的神情，就等于在给对方暗示：我对你没兴趣。其结果可想而知。

韩斌通过朋友介绍，认识了一个女孩，两个人互有好感，于是开始了约会。第一次约会时韩斌还特意准备了鲜花，换了新买的衣服，两人见面后便去了咖啡厅聊天。

女孩是个旅游爱好者，很开心地讲着自己去过的地方，以及旅游时的见闻感受。韩斌却越听越觉得没意思，他没去过这些地方，感受不到对方的兴奋，于是便悄悄地玩起了手指。

女孩感觉到他的心不在焉，便主动换了个话题，谈到了韩斌喜欢的篮球赛，两人没说一会儿韩斌便收到公司的加班任务，于是热情立马消减，边和女孩说着话，边思考加班任务怎么做，没一会儿他的思绪就不知跑到哪里去了。女孩"喂喂"地喊了好几声才把他拽回现实，韩斌意识到自己失礼了，正要道歉，女孩却起身跟他道别了。

后来女孩和她另一个追求者在一起了。

与人交谈时心不在焉，多半是因为他太看重自己，自视甚高。他不屑于倾听别人的话语，也不舍得将自己的时间分与他人。这种人是极为自私的，他们的心不在焉来源于对别人的轻视，时时刻刻把自己放在第一位。长此下去，会有越来越多的人疏远你，讨厌你。为了避免这种后果，我们应该学着去放下自己，真正投入到与他人的交流中去。

那么，如何让自己在与他人的交谈中保持专注呢？

（1）保持眼神交流

在交谈中和对方有视线的交流是很重要的，因为眼神的交流是沟通的一种方式。心理学家研究发现，视线能够表达爱意、诚信、信任感、依赖感、安全感等等，还能让对方觉得你在关注，你在用心倾听对方的话。

与别人交谈，思想要集中，要注意和对方眼神交流，最好是三不五时地带着感情望着对方，让对方感觉到两人之间有暧昧的电流在传递，而不是"两个饿坏了的人聚在一起填饱肚子"。

与女友约会，要含情脉脉，吃喝点菜都是"调情"的好机会。面对外文菜单，你可以嘲笑自己在外文上闹过的笑话，让对方觉得你好亲切；也可以趁机讲个自己去旅行时见识到的小风俗，让对方觉得你见多识广。在这么做的时候，你当然要不时望着对方，带着点点观察，让对方充分感觉到，她在你眼中的存在。

一个人，如果能做到把对方"看在眼里，放在心里"，就算这个状态，只维持一顿饭的时间，也能让对方觉得"被重视"，如沐春风。

（2）注意倾听

其次，还要注意倾听，时刻将注意力集中在别人谈话的内容上，给予对方一个畅所欲言的空间，不抢话题，表现出一种认真、耐心、虚心的态度。

听人谈话时，通过赞同的微笑、肯定的点头，或者手势、体态等做出积极的反应，表现出对谈话内容的兴趣和对谈话对象的接纳与尊重。

就算别人说的不对自己的胃口，也不能开小差。如果你觉得没意思就突然心不在焉地说一些与朋友讲话内容毫无关系的事情。这样做，朋友也是会有意见的。人家讲得再不好，出于面子，你也应该听完了再说，这是最基本的礼貌。否则，你的朋友会越来越少。

（3）牢记对方名字

最后，牢记他人的名字会让人觉得被尊重。

社交圈子越大，人们之间的关系就会越冷漠。一个最简单、最明显、最重要的使人获得好感的方法，就是牢记别人的名字，这会使人感觉受到了重视。在个人事业与商业交往中，牢记别人姓名并非是一件容易的事。能牢记每个人姓名的人往往是人群中最受人欢迎的那个人。

大多数人不是圣人，而是天生的自私者，无论说话还是做事都以自己为中心，这再正常不过了。但具体到与人交流、说话的方式上，如果想要获得和谐的人际关系，我们必须要短暂地以对方为中心，才能换来尊重，双方的沟通交流才是有价值的。我们的全情投入，让我们在交流中碰撞出火花，对双方而言，都是利大于弊的。

3. 不唱独角戏，让大家都有表现的机会

相信我们身边都有这种类型的人，他一旦开始讲话或者谈论什么，你就没有再开口的机会了。并且他不仅滔滔不绝地说着，还要在说话时处处凸显自己的优秀、博学、聪明，仿佛别人都不如他，别人天生没有发言权一样。

张泽因为公司业务，参加了一家公关公司举办的宴会，在宴会上结识了一个业务员王曼，互有好感的俩人便交谈了起来。不曾想张泽根本没有说话的机会，无论是打招呼、自我介绍，还是此次的项目合作，对方只自顾自地说个不停，每个话题结束后还不忘抬高一下自己，说说自己的功劳、苦劳。感受不到尊重和平等的张泽顿时对王曼失去了兴趣，两手在餐桌上玩着餐具，很快找借口离开了。

很多人苦于人际关系的复杂，不明白自己为什么不受欢迎，于是想法设法让别人了解自己，把自己的优点放大，抓住一切机会去展示自己，以为这样别人就会喜欢自己，甚至有的人为了让自己受欢迎拼命地出风头。真正情商高的人在说话时会让对方感觉舒服，给对方充分的话语权，自己发亮的同时，也不掩盖别人的光芒。

在和人谈话时不唱独角戏，给予对方足够的优越感，让大家都有表现的机会，是情商高的体现。

其实，现实生活中人人都对自己的经历和所做的事情怀有莫大的兴趣，人们最高兴的莫过于对他人谈论这些事情。但过分地

谈论这些，往往会使听者失去兴趣。我们身边有许多这样的人：有的人做了一个十分有趣的梦，觉得身临其境，其乐无穷，于是逢人便说，不厌其烦；还有的人则喜欢无休止地诉说自己的经历，如上中学时怎样，上大学时怎样，参加工作时怎样，后来又怎样……我们需要仔细想一想，自己有兴趣的事情，别人也一样有兴趣吗？我们真正要做的是像戴尔·卡耐基说的那样："做一个好听众，鼓励别人说说他们自己。"

在一档电视节目《老梁看电影》中，主持人讲了葛优的很多故事，其中就谈到了他在与人相处时特别低调的处事方式。他说我们会对电影里葛优扮演的角色有各种各样的意见，但是真实生活中的葛优，大家都喜欢和他做朋友，他太会做人了。认识他的人都知道，葛优是一个在生活中姿态特别低的人，说话时不抢人话头，不秀自己的优越感。不仅如此，他还非常善于去请教别人，当一群人讨论什么事情时，他会说："这个好，这个我没听过，这个你得给我好好讲讲。"

这种高情商的人，谁在他面前都能得到展示自我的机会，愿意跟他做朋友。由此可见，给人优越感也是聊天的一项绝技。我们身边那些受欢迎的人，都是懂得尊重别人，懂得照顾别人情绪的人，更是会为别人的光辉事迹鼓掌叫好的人。

黄渤有次在接受《鲁豫有约》的采访时，被鲁豫大加称赞："你现在可以啊，很火啊！"黄渤这样回答："那肯定是火，你想都能坐在这儿跟鲁豫聊天了，那还不火吗？"他承认自己火，而火的原因是能和鲁豫聊天，给足了鲁豫面子。

我们在与人交往中，先别忙着表述自己的功绩和自己的需要。让我们先看看别人的优点，然后给人以真挚诚恳的赞美。如果你是发自内心的赞美，那么人们将把你的每一句话视为珍宝，终身不忘，即使你自己早已忘到九霄云外了，别人仍然会牢牢地记在心间。真正的高情商不是凸显自己有多博学，多优秀，而是让别人感觉舒服，自己发亮的同时，也不掩盖别人的光芒。

4. 迎合对方，顺着对方说"是"

我们在与人聊天时，有个很重要的技巧就是善于去迎合对方。与人交流的目的就是与己方便，毕竟人类存在于一个社会里，我们想要有好的发展，离不开一个和谐有序的人际关系。在交流中迎合对方，不是让你无条件地放低自己，而是会顺着对方话里的意思说"是"，让对方处于一个流畅又自在的谈话氛围里，很乐意与你交谈。现在有很多人不懂得这种说话之道。

周六的早晨，冯坤吃过饭就把儿子鹏鹏送到了补习班，回来时看见小区广场上有很多人在跳舞、健身，心血来潮的她便和一旁休息的李太太跳起舞来。

俩人随着音乐刚摆好了姿势，李太太就问道："今天周六，我看你家鹏鹏还去上学呀？"

"今天去上奥数课，下午还有美术班。我感觉上一些兴趣班还是有好处的。"

李太太一脸惊讶，脱口而出："你疯了？哪有好处？我看鹏鹏只有 10 岁大吧，居然上这么多兴趣班！"

冯坤没想到她反应这么大,轻轻说道:"还不是为了鹏鹏的成绩,他班里同学都去学呢,我和他爸爸都认为有用。"

"那管什么用,没用的,浪费钱。"李太太撇嘴说着,"平时上学那么辛苦,他哪还有精力学其他,学不好的,放弃吧!"

听了这话,冯坤很生气,不再说什么,只是头也不回地走掉了。

除了原则性的东西,其他的事情实在没有与人争论的必要。因为大千世界无奇不有,什么样的生活都会有人经历,什么样的想法也都会产生。你觉得孩子在课外不宜再上兴趣班辅导班,可别人就觉得这是个很有必要的事情。其实有些道理和想法,哪怕你觉得是正确的,你自己心里清楚就行。在你知晓别人话语里的意思后,主动去迎合对方,让对方心里舒畅,同时也会喜欢你的"明事理"。表面的迎合和奉承,并不能阻碍你真实的行动和想法,却能在处理人际关系上发挥大的作用,何乐而不为呢?

高情商的人在与人交流时,善于放低自己,因为他们知道,与人方便即是与己方便,与其把时间和精力放在一些没有意义的争论上,不如把对方"哄"高兴了,最后自己从中获得的往往比想象的还要多。

卡耐基的著作里记录了这样一个故事:

有个人在做汽车销售时,因为不愿意接受顾客的意见或批评而频频与人发生口角。在接受卡耐基的培训后,他再次做起了汽车销售,重回岗位的他成为了怀特汽车公司的一位成功的推销员。这得益于他在接待顾客时说话方式上的巨大转变。

"您好,请问对怀特汽车感兴趣吗?"

"什么?怀特汽车?我已经打算买胡雪公司的卡车了,说实话，怀特的车就是白给我，我还得考虑考虑。"

这个人听顾客这样说非但没有生气地怼回去，反而还顺着他的口气说："您的打算不错，胡雪的卡车确实很值得买，胡雪牌汽车出自大公司，在品质上有保证。"

顾客没想到这个人会这么说，有点歉疚，便主动向他问起了怀特汽车的种类。后来这个人成功把汽车推销了出去，别人问他原因，他说："当他找不到与我争论的点时，我就找到了一个向他介绍怀特牌车子优点的机会。"

相信我们大部分人遇到这种情况，都会直接生气地说胡雪的车子哪里哪里有问题，不如怀特的车子好等等。殊不知我们越是说它不好，对方可能越想为它辩解，因为每个人都有自己的主意，都会先入为主。

若有说服别人的打算，请不要试图一下子就改变对方的想法，那样容易陷入你一句我一句的争辩中，最后谁也说服不了谁。我们不如试着以退为进，先迎合对方，顺着对方说"是"，这样做会让对方的好胜心和戒备心放轻。避免了争论，彼此的谈话就都会留有空间。试着抛却无谓的胜利，在很多事情上，让对方赢，其实是在给自己铺路。

5. 少说"但是"，多用"当然"

在与人交流时，我们应该注意一些词语的使用，尤其一些高频词语，用的合不合适关乎整句话的基调，甚至决定整段对话的氛围走向。

又是一年双十一,刘媛整个寝室的人都在买衣物,唯独她不买任何东西,同学小王看到了,问她为什么不买。

"再也不去淘宝上买衣服了,质量太次!"刘源抱怨道。

"但是淘宝上也有好衣服呀。"

"可我买了多少件了,没一件好的。"

"但是我买的衣服就都很不错,你不能以偏概全……"

"行!你说的都对,随便吐槽一下都不行吗!"刘媛不耐烦地一边说着一边走出了宿舍。

在上面这个故事中,"但是"一般用在后半句,表示转折,是对上一句话语的否定。像同学小王这样一连两个但是,如此生硬地否定对方,难怪刘媛愤而离去。想要维系一段谈话,就要学着去接纳对方的观点和意见,就算想要表明自己的观点,也要先对对方的观点给予肯定。你不是权威,你的否定没有丝毫价值,只会给彼此的交流增加阻碍。

如果你在交流中习惯性地说"当然""没错""有道理哦"这些对某一行为表示认同的词语,相信你和别人的交流会非常愉快。

生活中,有这么一类人,可以称为"说不先生"。他们在和别人聊天的时候,只要是他们不认同的言论,就会说"你说的不对""这样做不好吧""这肯定是你的错"等等。他们的眼里总能看到别人不对的地方,并且加以批评,这样的人显然不会受人欢迎。

我们和别人说话,就是在和别人相处,相处之道应是求同存异,一味地看对错就太没意思了。在日常交往中,大家的内心深处都渴望得到他人的认可,我们聊天的时候,先倾听对方的观点，肯定对方的观点就能营造一种互相理解的融洽氛围。

蔡康永曾参加过一档辩论类节目，节目每期都会在两队选手各自辩论结束后，安排身为嘉宾老师的他就辩题把自己的想法分享出来。他不否定别人的观点，甚至都不表态，只是用温柔的话语循循善诱，带你走向他的观点，会用一些类似"所以我个人觉得""我想告诉大家的是什么呢"的语句，仿若春风化雨，不自觉地被他的观点吸引。

生活中我们当然没有那么多辩论要参加，接触更多的是一些琐碎的交流和沟通。在里面我们都是平等的参与者，谁也不用试图说服谁，也不用刻意奉承，但像蔡康永这样的说话方式，绵软温和，又有谁不喜欢呢！

其实大家也都明白这个道理，但有时候就是控制不住自己去否定别人，那么可以看看下面这几个小方法，帮助你学着更自然地肯定别人。

(1) 把坏习惯戒掉

我们都知道人在社会生活中会形成各种各样的坏习惯，当然，说话时也有坏习惯。就像一些人明明没有在反驳对方，对方却觉得不爽，这是因为他们常常在一开口就吐出"不对""但是""不是吧"这样带有否定意味的字眼，哪怕之后他们说再多表示肯定的话，对方心里已经感到不舒服了。

习惯的养成是一点一滴的，同样地，把坏习惯戒掉也是一个长期的过程，这就需要我们在每一次的谈话中，有意识地告诫自己，少说"但是"，多说"当然""有道理"等词语。

(2) 主动地站在对方角度

很多时候我们出言反驳对方，是因为彼此的立场、角度、看问题的方式等不一样,即我们都深深处在自己的角色当中。想要改变在谈话中习惯性地否定别人的毛病,最有效的方式就是在对方发表自己的意见、观点时,迅速转换一下角色,主动地站在对方的角度想一想。当然这是比较走心的方式,需要长期的实践和学习。等你的生活阅历变得丰富,知识见闻非常广阔后,你已经可以比较轻松地应对这种局面了。

(3) 有些交流不用太走心

在一段谈话中,若话题无关紧要且自己又没有时间和精力去代入别人,做不到感同身受,那不妨彻底将自己放松,至于交流中对方的观点和意见,听听就算了,不要去较真,也不要去抠字眼。有时候你只需要保持一个不走心但自然的状态,这段交流就会轻松有意思得多。

与人交流中,别老去否定别人,我们不是任何一件事、一个人的审判者。每个人都有自尊心,都渴望得到别人的认同。不管处于什么境地,被别人直接否定,总是不光彩的事情。会说话的人,懂得在和别人聊任何话题的时候,首先给予肯定,让对方的心里一下子就舒坦起来,彼此的交流才能更好地继续。

6. 当人生气、难过,安慰情绪,而非讲道理

我们每个人在生活中难免会遇到不如意、烦恼的事情,渴望得到朋友的安慰。我们也要学会安慰别人,用适当的语言化解他人的痛苦和不幸。

然而，如何安慰别人？说几句无关痛痒的话就够了吗？当然不是！想要真正达到安慰的效果，需要我们把安慰的话说到朋友心里去，将自己的情感注入朋友痛苦的内心，才能把朋友从黑暗和绝望中拉出来。否则，除了达不到安慰的效果，可能反而越说越让人伤心。

杨敏和好朋友发生了矛盾，双方大吵了一架。心情苦闷的杨敏自己把自己关在屋子里独自伤心。室友常莹看到这样的情景，想要安慰她一下，于是她敲开了杨敏的门。

她对伤心中的杨敏说："这样的朋友根本就不值得你伤心，好朋友都是互相谦让的，你看她，对你太过跋扈了。"

杨敏说："其实也不能都怪她，我也有做得不对的地方。"

常莹立即回道："你哪里不好了，朋友就应该平等相处，那天我听到她在背后瞧不起你，她压根儿就没有把你当做朋友。"

"你说的是真的吗？"

"当然是真的。"

杨敏突然放声哭了起来："我不信，你能不能别说了！"杨敏越哭越伤心，最后竟把常莹赶出了屋子。常莹一下子不知道该如何是好。

见人伤心便想着去安慰对方一下，这是我们都会去做的一件事情。可安慰人也要讲方法，生活中有很多不正确的安慰人的方式，常常让我们在好心的前提下，做了坏事，同时我们自己还会受到不同程度的牵连。

所以说，安慰别人，也需要掌握一定的技巧，这样你的安慰才有用。会说话的人应该知道安慰不同的人，需要不同的语言，需要对症下药：

（1）"比下有余"

当你身边有人因为事业、学业的失败而倍感失意时，不妨用"比下有余"的方式来安慰他。人总是会有一种比较的心理，如果一个人不幸，当他看到比自己更加不幸的人，会不自觉地在心里安慰自己，找到一种平衡，产生"知足"的情绪。

你的好友向你哭诉，说她和男友分手了，你就不要说"我早觉得他不行啊"这类话，因为这是在激化矛盾，要说："你看，好歹你一直有追求者，我到现在还是个单身狗，多可怜！"这样你的好友反而会想先安慰你，慢慢就好了。

（2）从对方的情绪入手

安慰别人，要先分析他的情绪点在哪里，若你的朋友失落，就多鼓励鼓励他；若对方生气憋闷，就陪他一起发泄发泄；若对方十分悲伤，就尽量少说话，或提供一些新奇的话题转移一下对方的注意力。总之就是以对方具体的情绪为切入口，采用合适的话语或行为，把对方从当前的情绪里一步步拽出来。

（3）给予对方恰当的支持

在安慰别人时要记住，不要强硬地告诉别人"你应该觉得……"或"你不应该觉得……"这样充满大道理的话，人有权利保有自己真正的感觉，不需要你来左右。

安慰并不是要你帮助他作判断，也不要想着他们此时正在受苦，需要接受帮忙，真正有效的安慰是给予对方空间去做自己，并认同自己。我们不需要用"同意"或"反对"来表达同情和关心。

（4）一定要告诉对方你的感受

把自己的感受告诉对方，能达到一种情绪共鸣的效果。你可以直接对他说："我现在无法理解你的感觉，也不知道自己该说什么，但我真的很关心你，很希望你能好起来。"你不必说很多，只要适时地有所表达，就能让对方感受到你的关心，让他体会到"我不是一个人在痛苦"，他就会慢慢自己去挣脱这种负面的情绪。

安慰别人时，与其把道理讲得头头是道，不如学着感同身受。道理哪怕再坚硬再有力，也穿不透由对方情绪交织起来的层层围墙，甚至还有被反弹回来的危险。遇见这种情况，就要以柔克刚，安慰对方的情绪，用你的真心去慢慢融化对方，让对方感受到温暖。

7. 你为对方着想，对方才会为你着想

很多事情都是相互的，包括与人沟通时的做法。你在日常交流中为对方着想，不说令人难堪的话，不揭对方的丑，对方丢了面子你积极帮忙挽回，你为对方考虑，去体会对方的难言之隐，那么自然对方也会尽力帮你。中国人讲究礼尚往来，相信这么做的你，一定是社交上的一把好手。

在上海一家著名的大酒店，一位外宾吃完最后一道茶点，顺手把精美的景泰蓝食筷悄悄"插入"自己的西装内衣口袋里。

服务生不露声色地迎上前去，双手擎着一只装有一双景泰蓝

食筷的绸面小匣说:"我发现先生对我国的景泰蓝食筷爱不释手。非常感谢您对这种精细工艺品的赏识。为了表达我们的感激之情,我代表酒店,将这双图案最为精美并且经严格消毒处理的景泰蓝食筷送给您,并按照酒店的"优惠价格"记在您的账簿上,您看好吗?"

那位外宾当然明白这些话的弦外之音,他取出内衣袋里的食筷恭敬地放回餐桌上,在表示了谢意之后,接过服务生给他的小匣,不失风度地向付账处走去。付账完毕后他对经理说:"刚才那位服务员工作认真,态度温和有礼,您应该给予奖励。"

当对方意识到自己的错误,本已十分尴尬,担心更多的人知道。这时最好不要张扬,故意搞得人人皆知,更不要抱着幸灾乐祸的态度,小题大做,拿人家的失误来开玩笑。这样做不仅对事情的成功无益,还会伤害对方的自尊心,从此结下仇怨。同时,也有损你自己的社交形象,人们会认为你是个刻薄的人,会对你反感、有戒心,因而敬而远之。所以渲染他人的失误,实在是一件损人而又不利己的事。

另外,当遇到意外情况使对方陷入尴尬境地时,你在给对方提供"台阶"的同时,如果能采取某些妥善措施,及时为对方面子上再增添一些光彩,那是最好不过了,会使对方更加感激你。

1953年,我国政府举行了招待宴会,周恩来总理率中国政府代表团慰问驻旅大的苏军。在招待宴会上,一名苏军中尉翻译总理讲话时,译错了一部分。我方代表团的一位翻译同志当场作出了及时的纠正。

这件事不仅使总理感到很意外,更使在场的苏联驻军司令大为恼火。因为部下在这种场合失误,不仅使司令丢面子,也影响了国家的声誉。驻军司令马上走过去,要撕下中尉的肩章和领章。宴会厅里的气氛顿时显得非常紧张。

这时,周总理及时地为对方提供了一个"台阶",他温和地说:"两国语言要做到恰到好处地翻译是很不容易的,也可能是我讲得不够完善。"然后他慢慢重述了被译错的那段话,让翻译仔细听清,并准确地翻译出来,缓解了紧张气氛。总理讲完话在同苏军将领、英雄模范干杯时,还特地同翻译单独干杯。驻军司令和其他将领看到这一景象,在干杯时眼里都含着热泪,那位翻译被感动得举着杯久久不放。

在社交场合,每个人都格外注意自己社交形象的塑造,都会比平时表现出更为强烈的自尊心和虚荣心。对方犯了错误已经很懊悔了,你再故意指出,加以渲染,放大他的失误,使他下不了台,他定会产生比平时更为强烈的反感。相反,如果你为对方提供了"台阶",使他保住了面子、维护了自尊心,对方会对你更加感激,产生更强烈的好感。这些,对于你们之间今后的交往,会产生深远的影响。

为别人着想,实际上是在为自己着想。我们生活在一个社会里,就避免不了与各种各样的人打交道。给别人留余地,其实也是给自己留余地。伤及别人的面子,断尽别人的路径,非但得不到任何好处,还给自己未来要走的路上埋下障碍。不让别人为难,就是不让自己为难,让别人活得轻松,让自己活得安心。这就是为别人着想的好处。

8. 安慰别人的有效方法，说点你的伤心事

在与人交流时，若对方情绪不佳，满腹心事，你最好及时安慰对方。安慰别人有很多种方法，如果想在安慰别人时取得好效果，说点自己的伤心事会是个不错的方法，一来可以和对方产生感情上的共鸣，同是天涯沦落人，对方会愿意向你打开心扉；二来你的"伤心事"也能稍微转移一下对方的注意力，让其不再一个劲地沉浸在自己的悲伤中。

张书琦的一个朋友和她男朋友分手了，跑来跟她诉苦："我居然现在才知道，他都背叛我一年了。这一年里我就是傻子，我不想活了……"

张书琦听完朋友的哭诉，一时间不知怎么劝她，联想到自己也有这样的遭遇，就安慰她："我前男友就是当初劈腿，我才和他分手的。那时候我一直不知道，还是他劈腿那女的和我联系，让我主动分手呢！我瞬间就傻掉了，跑去质问前男友，才知道他们已经好了三年了。我却还像个傻子一样一直对他好。"

朋友听到这里，不禁拉起张书琦的手，感叹道："你懂我，我们真的都太傻了！"

只有遭遇相同情况的人，才会更懂对方，也许什么好听、有用的话都没说，只是说了自己的伤心事，却能抵过千句百句。毕竟，只有走进彼此的心灵，倾听才更加有力，互相的勉励才会真正起到作用。

生而为人，我们都需要被理解，而处于失落、悲伤等负面情绪中的人更需要被理解，被接受。如果我们能在安慰别人时大胆诉说自己的悲伤，让对方感受到他不是孤单一人，他感知到的痛苦也有另外的人在默默承受，那他的痛苦也会大大减轻，因为你是在用爱包围他，融化他。

冯洁在第二次考研失败后，变得极度不自信，情绪也一直很低落。某天碰到了许久未见的学姐。两人交谈间，学姐察觉到了冯洁的闷闷不乐，问她原因，她只感慨自己什么能力都没有，宛如一个废人。学姐听了，拉着冯洁的手，说起了自己的故事。

"我当初考研失败，一时间不知道自己要干什么，眼看着其他人工作、上学，我却整天无所事事，痛苦极了！"

冯洁十分吃惊，没想到现在光鲜亮丽的学姐，竟也有这么落寞的时期，简直和现在的自己一模一样，便把自己的现状一五一十地告诉了学姐。

学姐耐心听完后，说："你看，当初那么糟糕的我，还不是走了出来，过上了更好的生活。"

冯洁听着，心里也默默地给自己打气，开始对未来的自己憧憬起来。

有时候，说点自己的伤心事，不但能让对方感到被理解，更能燃起他对未来的希望。其实最好的安慰不是安慰本身，而是给予对方走出当前情绪的勇气，让对方升起对未来的信心。

我们在说起自己伤心事时常常会陷入一些误区，这样非但起不到安慰别人的作用，还会惹人厌烦，需要注意以下几点：

（1）诉说要简短

安慰别人，重点一定在别人身上。如果你在讲述自己的故事时占用时间太长，很容易抓不住重点，起不到效果。更不好的是，你的诉说占用时间太长，留给对方倾诉的时间就大大缩短，这样主次不分地安慰人，很容易招致对方的反感。因此一定要少说多听，说起自己的伤心事，应简短明确，达到让对方意会的目的就可以了。

（2）处境要相同

我们选择安慰别人时讲述自己的伤心事，就是为了达到一个共情的效果，让自己能深入感知对方的情绪。这就需要你的悲伤和对方的悲伤处在一个阵营中，比方说，对方因为男女感情的事而伤心，你却说了你事业受挫的难过，这就很难将双方带入彼此的情感，因为跨度太大了。最好是你也讲述一下自己的感情问题，这样对方才会觉得你是懂得这种痛苦的人，才愿意在你面前释放自己。

（3）分清对象

安慰的对象不同，你要讲述的事情也应有所不同。如面对亲友的伤心，你可以更放开一点去说，因为平日里的熟悉让你们彼此没有太多顾虑，但面对关系一般的安慰对象，则要小心地说，避免触碰到对方不为人知的痛处。

安慰别人就是在帮助别人，面对朋友亲人的悲伤，我们总想以最大的努力去施以援手，却常常因为方法的不当而适得其反。不如试着在安慰别人时，讲一讲自己的伤心事，这样既能有效安慰对方，彼此的关系也能更进一步。

第九章

分分钟被拉黑？
网聊怎么聊才能越聊越嗨

1. 相亲加了微信，怎么聊才不会冷场

现代人在相亲后大多会用微信保持联系，因为是相亲结识的，彼此都不太了解，但又带有明确的目的性，聊天就容易放不开手脚，很容易造成冷场的尴尬局面。

想要在微信聊天中应对自如，不冷场，首先要学会观察。

小薇和周洋在一场联谊会上相识，彼此加了微信好友。刚回到家小薇就收到周洋的微信，问她到家了吗？小薇见他如此关心自己，便坐在沙发上和他聊了起来。

"你喜欢小动物吧？"周洋问道。

小薇没想到他会问这个，回他："还行吧。"

"想养一条宠物狗吗？我可以给你介绍。"周洋这边来了兴趣。

"嗯，比起来我还是更喜欢养小鱼。"小薇淡淡地回应着。

"狗狗多好呀，你试着养养看呗。"周洋回复。

小薇看到这条信息，回想起小时候自己被一条德牧狗追着跑了好远，还差点被咬的经历。她不想再被回忆里的恐惧感支配了，便换了个话题："今天联谊会上人好多呀，咱俩正好坐一张桌子，真是有缘。"

这头的周洋想表示赞同，顺手就发来几只狗狗点头的表情包。

小薇顿时没了兴致，也用几个表情包和他回应起来，没一会儿两人就停那儿，各做各的事去了。

我们都知道与人交谈要会察言观色，随机应变。同样，用社交软件聊天也应做到如此，与人交流，要揣测对方是什么性格，内向还是外向？如果对方不太会表达，那自己就适当主动些，找找话题，交流一下表情包什么的，把气氛炒起来。

在聊天时，还应观察对方的反应，当说到一个话题时，自己发了很多内容，对方却只有寥寥几字时，那可能就是你说的话题对方不感兴趣或者不喜欢，这时候一定要换个话题，不然很容易冷场。

微信聊天不同于当面交流，你不能依靠对方的表情、动作之类的变化来观察判断。我们可以通过对方发过来的语句，并结合当时的语境来感受对方的语气和态度，也可根据表情包发出的讯号来推断，当然，彼此熟悉了之后直接用语音消息交流，就更为直接了。

周钰是个很善于聊天的人，在一次相亲后拿到了对方的微信，某天晚上她发信息给对方。

"你今天过得怎么样啊？"

"不太好！"

"怎么啦，能跟我说说吗？"

"你不会想知道的。"

"说说吧，你就当我是垃圾桶。"

……

如此,周钰和对方聊了很久,关系也越来越亲密。

微信聊天仅仅会观察还不行,更要会"说",这里提几点建议:

(1)少用上堆,开启下切模式

上堆即针对所聊话题谈它的意义、做点评等,往往用在解决问题上,起一种总结作用。如你问对方"下班后有什么事吗",别人回复"最近在学瑜伽",你回复了一个"哦,瑜伽很好",你直接为瑜伽做出了总结性评价,你让对方还怎么说,话题也就不得不停止了。若你回复的是"哇,瑜伽难吗?我都不敢尝试",对方可能就会回答你"我觉得还蛮好学的……"之类的,也可能鼓励你和他一起学,通过话题细分,不断引出枝节问题,引导对方深入话题,那可聊的内容就源源不断了。

(2)内容有所保留

无论相亲后对方给你的印象是好是坏,也不论你满意与否,在接下来的微信聊天中千万不要过度地剖析自己。要学着有所保留地聊天。聊天要一来一往,一次性说太多关于自己的事情,对方会产生不知该如何应对的困扰,也会提早对你丧失兴趣。

(3)寻找共同话题

要想避免聊天冷场,最有效的办法就是找到共同话题,只有聊天的双方都兴致浓厚,聊天才能越聊越嗨。可以先和对方浅聊,各方面都涉及一下,根据对方的回应来发现共同话题。聊共同话题时,不要一味坚持自己的看法,这是在培养感情,不是在辩论,要明白你的目的不在话题身上,而在对方身上。

（4）掌握好聊天频率

不要过于频繁，也不能相隔太长时间。毕竟你们还不是亲密无间的关系，要给对方足够的空间。可以隔天问候一次，由少到多，循序渐进。如果你对对方感到满意，想要交往下去，就不要一直被动等待对方的信息，该主动就主动起来。

在聊天时，为避免冷场，不要去打断对方的表达，看对方发了一条信息，但意思没有表达完整，就先等等，不要急着回复，也不要急于表达自己的看法，聊天时尽量少下结论。

相亲时的二人不只是吃饭聊天如此简单，相亲后的联络也十分复杂和重要。相亲是一个开始，作为其后续的微信聊天必须讲究策略，只有会观察，会说话，对方才能在聊天中渐渐发现你的魅力。

相亲往往相的是脸，是一些比较直观的东西，能不能走到最后，还是要看彼此内心的契合度，作为增进关系的重要方式，微信聊天很重要，稍有不慎就可能冷场，那也就意味着彼此没什么好说的了。做到仔细观察，巧妙聊天，就可能在相亲大路上遇到对的人。

2. 怎样聊天能让陌生群友成为潜在客户

小茹做微商有半年了，可她却没挣到多少钱，原因就是不会发展客户群体。往往好不容易加了新群，没多久就被踢出来了。生活中的小茹不喜交际，加了群也不怎么活跃，发的信息也多半是"你好，我是做什么什么的，感兴趣的话可以联系我。"不得不说，这样的广告方式真的太硬了，大家不但不会感兴趣，甚至会反感你。

新加入一个微信群，不要激动，先打声招呼，做一个"新人报道"。先让群主眼熟，最好是能和群主说上几句话。想要把群友发展成你的潜在客户，那就要放长线钓大鱼。千万不要一进来就发广告、发链接，这样做的后果就是，马上被踢出群。凡事讲究循序渐进，把铺垫做好了，做起事儿来也就水到渠成了。

"您好，在群里经常看到你发的美食图片，实在太诱人啦！我特别喜欢美食，想来找你取取经。不知您方便吗？"

"哦，我知道你，群里特别活跃那个吧。你也喜欢美食啊，真巧！"

"哈哈，是我，在群里看到你发的红烧肉，真是馋死我了。你每天都做这么丰盛的菜吗？"

"差不多吧，我下班早，有时间做。"

"哇，羡慕你。那你家的餐具、厨房电器啥的一定特别丰富吧。"

"还好，都是一些常用的。"

"其实厨房用具很齐全的话，做饭会省事很多的，你缺什么可以跟我说，我在做这类产品的相关工作，很方便的。"

"哇，那你现在有卖吗？"

……

后来，这名销售人员成功地把自己的产品卖给了对方。

在我们主动出击之前，要把准备工作做好。新加入一个群，要活跃，抓紧时间让群里的人眼熟，这样能尽快发展一对一客户。同时还要做好调查工作,如查看群里的聊天记录,留心对方的朋友圈内容等,做到知己知彼。

当然,在微信里发展业务,不同于商场里,这需要你放低姿态主动寻找客户,所以一定要会察言观色,见好就收。

王真是一个化妆品品牌的销售,在微信上有很多稳定的用户。近来发现其中一位客户好久不发朋友圈动态了,便主动询问:"好久没聊天了,想念您这位老朋友了。"

"是呀,最近事儿多。"

"上次给您拿的新产品用着还不错吧?"

"效果不错的,但最近没怎么用,没心情啊!"

"怎么了这是?有什么心事能跟我说说吗?我做您的倾听者。"

……

王真不再说自己的化妆品,而是专心听客户的倾诉。一段时间后,客户的烦心事解决了,又从王真那里购买了好几套化妆品。

我们在微信群里发展客户,为的就是一个长期稳定的买卖关系。任何持久而稳定的关系都需要花费时间和精力,不能为了眼前的一点小利就放弃日后长远的利益,在微信上和客户聊天时,一定要有所取舍。

当然了,我们聊天的目的终归还是销售产品,总会谈到交易问题,下面说一些在交易时常见的情况和解决策略。

(1)要考虑一下

遇到这种情况,说明客户对你的产品有兴趣,但碍于一些原因不能下决心购买，那不如直接问她："不好意思，您需要考虑一下，是因为我哪里说的不清楚吗？"或者用一些促销手段来刺激顾客下决心，如"现在买的话，您可以获得小礼品一份，这是只有今天才有的活动哦！"

（2）价格太贵

客户因为价钱原因在犹豫时，最好说："我们已经是同类产品中的良心价了……"，然后重点突出一下产品质量，转移客户的注意力。又或者说："这个产品你至少可以用半年，实际每天的花费也才几块钱。多划算啊！"

（3）能不能便宜一些

当客户说出这句话时，就证明对方对产品非常感兴趣，那不妨告诉对方："单纯看价格是不全面的，光看价格，就会忽略产品的品质、服务、附加值等。"也可以告诉对方，目前这个价位已经是国内的最低价位了，再低是肯定不行的。这种"亮底牌"的方式，可以让对方觉得这个价格属于情理之中，买得不亏。

从陌生人到客户，从微信群里广撒网到微信好友逐个攻破。这些需要你小心翼翼地遣词用句，需要你在合适的时机讲合适的话。其实很多线上客户，都是这么聊来的。

3. 微信搭讪，什么样的开场白才能吸引对方聊下去

说起搭讪别人，赵明玩微信那么久了，就没成功过一次。某天他又加了一个好友，对方是个漂亮女孩，赵明十分想认识人

家。"美女你好,我是赵明",他主动发出消息,结果很久都没等来对方的回复。他无奈地放弃了等待。

像赵明这样苦恼于不会搭讪的人有很多,他们的第一声招呼往往十分平淡,像"美女""交个朋友""我是谁谁"等语句太普通,一般人都会熟视无睹的。巧妙搭讪,只需一个好的开场白。一个好的开场白,必定是自然的,还要有趣,能一下吸引住别人。正确的开场白会让接下来的话题友好进行。

"头像是你本人吗?我应该在哪里见过你。"

对方很快回复:"真的吗?我没印象啊!"

"你那么漂亮,肯定注意不到我呀,我一直记着你的,高高的。"

"嘿嘿,我不高呀,才一米六五。"

"女生显个头,真挺高的。你知道我多高吗?"

……

这样的开场白明显有趣多了,且非常自然。像赵明那样的开场白简直每个字都在表示,我是来搭讪的。目的性太强了,很容易吓跑别人。那么具体有什么方法能让我们的开场白有趣且自然呢?

(1)巧用微信昵称

昵称是一个人在网络社交中展示自己特点或喜好的符号,把握好了就能达到让人惊喜的效果。如对方的昵称是"扭来扭去的花",你可以这样说:"嗨,你的名字让我觉得,这是朵有故事的花!"相信对方会被吸引。最好是对昵称表达赞美,不要说:"感觉你的昵称怪怪的"。这样的话熟人之间可以用来打趣,而用来搭讪，会被对方讨厌的。

（2）观察细节信息

像微信中的头像、签名、个人资料等，都可能成为搭讪的由头。比如："一个人在陌生的城市生活，偶然看到你的签名，让我很有感触。"又如："三天后我就离开了，看着你的头像，我觉得不认识一下你我会后悔的。""嗨，看你的签名，你最近是在为某某事烦恼吗？"

（3）设置疑问

根据他人的头像、昵称、朋友圈可见图片等细节来设置一些疑问，但是，不要太过夸张，免得被人识破，这就很尴尬了。设置一个具体的场景，万一不是也没关系，就主动承认自己记错了，说一个大概就可以。比如"你的这张照片是在拍摄的吗？这张图片中的地方我也去过……"，并且，在说完之后一定要加上自己的感受。

（4）从朋友圈入手

先去看看对方的朋友圈有什么状态，然后点评里面一两个状态，再说："我发现你的朋友圈和我想象的不一样。"一般这种类型的开头对方都会好奇地追问。接下来，就可以通过这一点来展开话题。

（5）从星座话题入手

如果对方朋友圈中有很多自拍之类的照片，不妨以此入手，比如说："我发现你是一个红色性格的人，这样的人开朗、热情，你应该是狮子座的吧？"这个猜测不一定准确，只是引出一个话题点，下面的聊天会开展得更加顺利。

（6）假装发错信息

比如你可以发一句"怎么还不回来？等你好久了。"对方若立马回复你"是不是搞错了"之类的话，你就可以顺势多问一些问题，"啊？我搞错了吗？可是这头像真的一模一样。"再发几个出糗的表情包，让对方笑一笑。

以上就是一些比较容易成功的搭讪方法，我们不妨试试看。其实，微信搭讪的开场白还有很多，只要我们能准确地找到那个切入点，那么话题就会顺利进行下去。

最后，提个小建议。和陌生人聊天，或者是跟妹子搭讪时，最好提前管理一下自身形象，尽管我们在网络上聊天，基本不见真容，也不听声音，但你的形象气质是会通过语言显露出来的。你有怎样的气质，怎样的素质，都会在你试图搭讪时影响你的发挥。保持自信的态度和良好的风度会让你在搭讪时显得自然可爱，成功的概率会更高一些。

4. 微信群里怎么聊天才更受欢迎

微信群就如同一个大教室或者一间办公室，大家因为相同的职业或者兴趣爱好加入了这个圈子，刚加入时大家都很兴奋，也很活跃，但久而久之，就会出现有人欢喜有人愁的局面。聊天说话，尤其是在一个小团体里，需要注意的地方太多了，人多嘴杂，想法各异，一不留神你就被讨厌了！

窦豆新加了本地的一个绘画研究群，因为符合自己的兴趣，平时很少在其他群里说话的她，在这个新群里十分活跃。不仅把自己平时的见闻、生活感悟、旅行照片等发到群里，甚至一些牢骚话、广告链接等备受嫌弃的内容也发到群里，哪怕没人回应，她也一直如此。

某次大家在群里讨论当地新办的画展，突然看见窦豆发了一条很长的信息，最后一句话写着："5秒内转发，会发生意想不到的好事，看见不转，要倒大霉。"

兴致正浓的群友们被这么长一条不知所云的信息打断，还在末尾被要挟转发，一时间怒火四起，有人直接怼了上去，

"有意思吗你！平时也就算了，现在大家伙儿正讨论画展的事，你懂不懂规矩呀？"

"怎么了？我之前也发过，怎么不见其他人说我呀，就你事多！"

"真正事多的是你。"另一个人也怼了上去，"忍你很久了，这是大家的群，不是你的垃圾场！"

窦豆正要接着反驳，群里一下子炸开了锅，纷纷指责她没眼色、没分寸、素质低等等，她这才意识到原来自己早就犯众怒了，看到大家的批评声接踵而来，就主动退群了。

像窦豆这样在群里不讲规矩，发言随心所欲的行为，当然不受群成员的欢迎。那在群里如何聊天，才会受大家欢迎呢？

（1）根据所在群的类别发言

在一个群里说话，首先要清楚所在群的性质，以防鸡同鸭讲，或者直接被群主"踢出去"。

比如，你所在的是一个游戏群，你却整天发些心灵鸡汤的段

子,大家对此没兴趣,只会嫌你烦。在游戏群就专注游戏这回事,尽量围绕游戏相关去发言,大家才不会忽视你。

(2) 和群里最活跃的几个人做朋友

想受欢迎,最好和大家结成朋友关系,可一个群少说也上百人,和这么多人交朋友,时间和精力都不允许。那么你可以观察总结出群里的几位"意见领袖",也就是最活跃,最受大家欢迎的几位成员,争取和他们结成朋友关系,被他们几个欢迎了,自然就很容易受到大家的欢迎。

(3) 幽默能让你的人气飙升

不只是聊天群,任何群体里,幽默的人总是最受欢迎的。幽默感能帮我们在冷场或者尴尬时调节气氛,让大家再次愉快起来。若你在不适合的时候插了话,遇到冷场,那就赶紧自黑一下,博大家一笑,然后顺利进入当前的话题。

当然,无论是自黑还是开玩笑,心里要有个度,以免平白无故得罪人,然后被拉黑。

(4) 学会克制

聊天群毕竟是一个群体,人多了就会有摩擦,大家聚在一起是为了求同,所以很多带有个人特质的东西要懂得隐藏。克制自己的好恶,针对群里的某事,无论你是喜欢还是厌恶,表达时都要有所保留。克制自己的行为,并不是说我们要时刻"蹲"在群里聊天,而是要在聊天的同时,适当关注下别人在聊些什么。只关注自我,却不跟上群里的步伐,很容易就会被淘汰出局。

(5) 扮好该扮演的角色

在群里不停地絮叨自己,像说自己的光荣历史、优越感、情绪等，是一种非常容易让小伙伴感到厌烦的聊天方式。要知道，在一个群里，彼此简单地介绍一下自己没什么问题，但若是太过于"自我"，就会失去群体的"团结感"，从而导致发生冷场的尴尬。

（6）知进退

聊天时，需要自己发表意见和提出建议时，要自信大胆地去说，你的发言就是此时群里的重点，一旦畏畏缩缩讲不出来，就很难再得到成员的重视了。但在涉及一些鸡毛蒜皮的争吵时，要学着避开，不参与，不过度沉浸在话题之中，懂得抽离自己。在群里知进退，是一种会做人的表现，只有会做人，才能受欢迎。

不会说话，不仅会让你在现实世界的交际中吃亏，在网络交际里同样会吃亏。想在微信群里受到大家欢迎，也同样需要掌握说话的技巧。

5. 正确使用聊天表情，让语言锦上添花

不同于当面交流，微信聊天是一种纯文本的交流，它在表达感情上是有缺陷的。聊天表情的正确使用，可以很好地弥补这个缺陷。但若使用不当，聊天表情不但起不了弥补作用，还会狠狠坑你一把。

冯静之前每天都会和好友在微信上聊天，可她最近明显感觉到好友对自己的疏远，反思自己哪里做错了的冯静想到了上次聊天的事。

"我定了周末的电影票,明天一起去吧。"

"不了,今天加班,明天要在家休息。"好友在句尾加了一个打瞌睡的 emjio 表情,

"那你好好休息吧〔微笑〕。"冯静也加了表情回复道。

"怎么了,还怪我?"

"没有啊〔微笑〕〔微笑〕。"

"哦,那再见吧!"好友主动结束了聊天,冯静也没在意这事。

曾有人说过:"聊天背后的情感远比聊天的内容本身重要。"也就是说,无论是在生活中还是在微信里,同样的话,不同的情景,效果是不一样的。单看冯静的那句"那你好好休息吧",是没什么问题的,可她后面加了〔微笑〕这个表情,这段对话的情景立即就变味儿了,为什么呢?

因为在微信表情里,〔微笑〕这个表情带来的更多是一种假笑的信息,通过研究微表情心理学,我们可以发现虽然此表情的嘴角上扬,可眼睛僵硬,眼珠朝下,给人一种高高在上俯视着你的感觉。这皮笑肉不笑的表情传达的是一种不友好甚至敌视的态度。

如果"那你好好休息吧"后面跟的是〔可爱〕、〔憨笑〕这些表情,冯静的好友肯定不会误会她。这些表情的眼睛都是笑弯弯的,表达的就是开心的意思。所以建议我们在微信聊天时,想要表达好的心情,请使用〔呲牙〕〔憨笑〕等表情。

在微信聊天时,表情的使用不仅仅起到补充语言的作用,更多时候它表达了一种暗示,如当对方的话题让你感到不爽,你又碍于面子不好直接让对方停止的时候,你可以使用〔手动再见〕

的表情,它表面的意思是:微笑着说再见。然而实际意思却是:不想理你了!一般对方看到这个表情,就会自觉停止话题。

"你考试准备得怎么样了?"

"不太好。"

"那你快好好学习呀,我已经通过面试了!老秦也考过了,就差你了。"

"[手动再见][手动再见]。"

"哈哈我错了,你看新出的电影了吗?"

"看了,挺有意思的。"

……

聊天表情的诞生就是为了更好地服务于沟通。在文字碎片化的今天,微信表情已经不单是语言描述的一种辅助了。虽然它不能完全准确地描述出人类的情感,但聊天表情的出现,让我们在网络交流中多了点趣味和人情味。

表情符号是一种较为新颖的网络语言,正确地使用它能使我们的交流更有效率,也更完美。为了能更恰当地使用聊天表情,我们除了要去理解表情本身的意义,也要注意以下几个方面。

(1) 对不熟的人慎用表情

和当面聊天一样,在网络上和不熟悉或陌生人聊天时,无形之中也存在着一套表情使用的社会规范。试想一下,如果你收到和你不太熟悉的人发来的表情,你无法搞清楚这个表情的真实意义,因此就会陷入苦恼。现在的聊天表情太丰富了,每个表情可以传递的意义也有太多的解读方式,不要随便给不熟的人发表情,这会让对方陷入不知所措的境地。

（2）与对方表情使用频率保持相似

当前的聊天仍是以语言文字为主，表情起的还是一个辅助作用。因此表情的使用要有节制，不能喧宾夺主。最好的使用方式就是和聊天对象保持在一个频率上，过多使用会打乱整个聊天节奏，也会让对方觉得你很敷衍。还要注意的是，表情多于文字，会显得你肤浅又愚蠢。当然，在对方发来一个表情时，你不做表情回应，也会显得你太过无趣。总之，网络聊天时，表情的使用要有张有弛，把握好使用的频率。

（3）少用悲伤的表情

如同大家都喜爱幽默的人一样，我们在网络聊天时，追寻的也是轻松愉快的氛围。伤心难过的事不适合在虚拟的网络上说，用悲伤的表情来表达你的心情，更是非常愚蠢的行为。表情本就不是什么正式的表达方式，它的存在是用来锦上添花的。真有什么负面情感要诉说，也应该选择文字的方式，这样对方才会严肃地去看待。

聊天表情的使用，和我们讲话一样，有它自己的一套规则。说话不恰当会让我们陷入麻烦，会吃亏。聊天表情的错误使用，则会加重这种麻烦。我们去学习怎么说话，让说话为我们带来优势时，也应该学着正确使用聊天表情，给语言锦上添花。

6. 你回复了什么，对方把你拉黑了

在网络交流中，你被对方拉黑过吗？相信应该有不少人遇到过这样的事，那是什么造成对方采用这么决绝的处理方式呢？也

许过去了好久你还是一头雾水,其实仔细分析一下,会找到答案的。很多人在被拉黑后的处理方式,不是去反省自我,做出弥补。而是因为感到没面子,也去拉黑对方,然后就对此事不管不顾了。殊不知这样只会让矛盾越结越深,不仅对这段关系不利,更会给我们以后的人际交往、工作学习造成很多麻烦。

陶然是个文学爱好者,在某大学的网站上结识了同龄的校友张青,互相加了微信好友,聊过几次天。有一天陶然写了篇文章并且分享到了朋友圈,张青看过后主动联系了陶然。

"你今天发朋友圈那文章有问题呀!"

"什么问题?"

"有个历史小错误。"

陶然那时候正忙,没再去看自己写的文章。谁知几天后,张青又发来了信息。

"那文章你是不是还没改呀?最后那段话也不通顺。"

"我懒得改了,就是自己写着玩玩,你别在意了!"

"我是为你好,你要虚心接受。"

看见这话,陶然有点生气,心想:"这张青不过是一个网友,又不是我的亲友老师,凭什么一直挑我毛病?还没完没了了!"过了一天,陶然再次收到张青的信息,这次的她,终于忍不住发火了。

"我觉得你不懂历史,那篇文章的分析简直在生搬硬套。"

"这都过多久了,烦不烦呀?"

"你改改嘛,我觉得别扭。"

"我又没叫你看,你谁呀?"

"怎么说话的？我是一片好心。"

"再说一遍，你是我谁呀？"发过去这句话，陶然立即把对方拉黑了。

这头的张青发现自己被拉黑，十分气愤。

在网络上交流，其实有点像蒙着眼睛走路，不小心撞到对方便顺势交个朋友，可对方长什么样，你又看不清楚。显然张青在对自己网友身份的认知上产生了误解，不是聊过天的交情，就能对对方评头论足的。最好在聊天前认清彼此的定位，把握好交谈的尺度。

不论张青的出发点是什么，事实上，他已经打扰到陶然的生活了。抓住一个点用死缠烂打的方式来骚扰对方，是一种很不理智的做法，不但收不到想要的效果，还会让对方产生厌恶的情绪。设想一下，半夜你正在熟睡，突然有个认识的人打电话给你，而且语气激动，话语间不论是埋怨还是批评，想必你都很难忍受吧。这样的态度连生活中的好友都受不了，何况是只跟你相识的人呢？

哪怕是生活中熟识的人，也会因为在网络上不恰当的聊天关系破裂，甚至互相拉黑。

小兰接手了公司一个新媒体项目，可没有相关经验。后来去看电影时想起大学室友慧敏做新媒体运营好久了，便拿起手机给对方发了一个"在吗"，就又继续看起了电影，这头慧敏立马回复："在的，有什么事吗？"看完电影的小兰心情大好，不想再考虑公司的事，就回复道："没事哦。"

谁知到了晚上临睡时，小兰又接到公司的通知，让把这事赶紧做好，她便又发信息给慧敏，慧敏收到信息后回复："有什么事，你就直说吧。"小兰却在打字时迷迷糊糊睡着了，慧敏在这边一直等她回复，耽误了好一会儿才去睡觉。第二天小兰一醒就被告知这项目换人做了，她才想起来还没跟慧敏说呢，便回复道："没事了。"

收到回复的慧敏脸上直冒黑线，感到自己不被对方尊重，为了避免再发生这样的事情，就果断拉黑了小兰。

吊着对方，最后又不清不楚地结束，这样的聊天方式简直和小说家一路挖坑却不填，还突然弃文不写的行为一样，让人感觉到被愚弄，因此不拉黑你拉黑谁！

此外还有在聊天时一直发自己的自拍照，或为了一点鸡毛蒜皮的小事说个不停，以及自己三观扭曲还试图给别人洗脑，这都是极其不尊重对方的聊天方式，是在打扰别人的生活。谁也不想一拿起手机就看到一堆牢骚话或者不感兴趣的东西。如此下去，只好拉黑。

被人拉黑，别急着生气，好好反思你和对方沟通时犯了什么错误。好好的一段关系闹到拉黑的地步，肯定是有原因的，及时找出问题然后改正，你的人际关系会改善很多。别被人讨厌了自己还不知道，很多生活工作上遇到的障碍，可能就是你不会说话、聊天得罪了人造成的。

7. 别老在微信上问我"在吗"，有事请直接说

不少人在聊微信的时候最讨厌的就是对方开头就来一句"在吗？"这样的开头往往意味着对方要找我们商量一些事情，

但一句"在吗"却让彼此间的聊天迟迟说不到核心之处。说者以为这样能不显突兀,但听者却早已焦急万分:"知道你有事,有事情直说!"

那次梁晓宇正在工作,身在异地的女友突然发来一条"在吗?"一看这个开头梁晓宇就知道女友一定是有什么事情要和自己商量,不然也不会用这么客气的开头,更不会在工作时间打扰自己。

梁晓宇赶紧回复了一句:"怎么了?出什么事了?"接着女友就说了一大堆最近都干了点什么,又有哪些支出。这时晓宇隐隐猜到女友那边一定是钱不够用了,他本想直截了当地告诉她:"需要多少钱直说就行!"但又不忍直接戳穿让女友感到难堪,只有听着女友继续往下说。

女友又从最近公司效益不好,拖欠员工一个月的工资说到自己最近生病请假,奖金被扣,最后一点一点地终于说出了自己的意图:"房租到期了,手里的钱不够用,你先帮我付了吧?"正当晓宇要转账过去的时候,女友又说自己知道刚在一起就让男朋友拿这么多钱不好,但实在是形势所迫……

等女友说完后一个小时过去了,今天晓宇本就担心工作太多完不成,这下好了,女友这么一闹,这工作铁定是完不成了。晓宇不禁暗暗恼火:"这么点事,直说多好,五分钟的事情硬是浪费了我一个钟头。"

看到"在吗?"之后,很多人心里都会涌现出一阵厌烦,一方面固然是因为对方有求于己,更主要的是这样的说话方式让人难受。

"在吗?"这样的开头会让人感觉你已经准备好了一个陷阱,就等着我往里跳。并且,这个"陷阱"我无论如何都会陷进去,我回"在"一定会陷进去。但如果我不回复,或者回复"我现在忙,有什么事情随后再说。"你一定不会把事情主动向我说明,而此时的我会感觉到心里面隐隐约约有什么东西放不下,我的注意力因此而被分散,做事情的时候总感觉心里不踏实。

除此之外,以"在吗?"为开头的求助,大都是在浪费时间。对方发来一句"在吗?"之后,如果我立即回复:"在呀,有事吗?"对方大都不会立马亮出自己的意图,而会说一大堆的客套话,什么"没啥事,好久不联系了,看看你最近过得怎么样。""我能有啥事啊!闲着没事找你聊聊呗!""瞧你这话说得,就像我没事就不能找你似的!"……对方东扯西扯之后,最终还是会说出自己的意图。

这还是好的,最怕的就是那些真的是找我们闲聊的。对方很随便的一句"在吗"让我们误以为对方有什么要紧的事情。我们因此而放下了手中的事情,暗自做好了应对某些事情的准备,就等对方和盘托出自己的意图。

我们礼貌地回复了一句:"在呀,有事吗?"这时,对方的回复突然中断,并且迟迟不来,我们在这边焦急地等待着,干扰了我们做其他事情。等来等去,对方的回复仍旧许久不来。最后,对方的回复好不容易来到了,却是一句:"没事啊!就是闲着没事,想找你聊两句。"

此时的我们心里一阵憋屈,没事为什么不早说?闲聊为什么不一开始就告知?害得我白白等候半天,这样做真的很浪费时间和精力。

　　向别人提出要求之前先做好铺垫的确更能让人接受,但"在吗?"却并不是一个好的铺垫。这种冷冰冰的开头会让人产生距离感,你们本是亲密好友,你的一句"在吗?"就使得你们之间变得客套起来。

　　不管是闲聊,还是求助,开头最好直接亮出自己的目的。这样做就是为了把聊下去的主动权交到对方的手里,这能凸显出你的真诚。开门见山地说出自己的目的之后,对方有了选择继续聊下去还是终止聊天的主动权,也有了充足的时间来考虑如何应对你提出的要求,这样的聊天方式能提升对方对你的好感。

　　如果你觉得聊天中开门见山地亮出自己的观点会很不礼貌,不妨在目的之前加上一个亲昵的称呼,比如"楠哥,有空吗?我这有点事想找你商量商量。"如果对方没能及时回复,当他回复了以后事情已经解决,一定要把事情的原委告诉他,不要让对方产生你对他不够信任的错觉。

　　即便是网聊也要注意聊天的技巧,以生硬的"在吗?"为开头的网聊从一开始就引起了对方的反感,也注定了这次网聊不愉快的结局。换个直接一点的开头,你们的聊天将更愉快。

8. 不是必要的时候,请不要发语音

　　相信你和我一样,看到手机屏幕上一连串的语音消息时会一阵头疼。虽然说不上自己究竟在厌烦什么,但我们对一连串大段

语音消息的厌烦似乎越来越严重。此时，我们发自内心地恳请那些喜欢发语音消息的朋友：不到万不得已，请不要发语音消息！

王芳正在开会，突然手机连续震动，她停下手里的工作，拿起手机一看，是某个好友发来的一连串语音信息，每一条都在30秒以上，这让王芳一阵厌烦，她大概看了一眼就把手机丢到了一边。

不一会儿，对方又发起了视频聊天的邀请，提示音清澈地在会议室里回荡着，同事纷纷把目光投向王芳，其中几位同事的眼神里明显地流露出了不满。王芳赶紧拒绝了对方的视频聊天，拿着手机跑出会议室去给对方回电话。

"什么事啊？我在开会，不方便听你的语音啊！"

"你不会戴耳机吗？"

"我的姐姐，你见过哪个公司开会允许员工戴耳机啊！你有事不能打字说吗？"

"我嫌打字累！"

"你嫌累，那你怎么不想想我这边方不方便听语音呢？"

"算了算了，没事了，你开会去吧！"

就这样，好友和王芳吵了起来……

网聊时，对方的一连串语音信息真的很让人头疼，如果遇上王芳这样的情况，则会更加厌烦。自己这边接听不方便，对方还在一大段一大段地往这边发，接连不断的语音消息暗示着对方有要紧事要和自己商量，无法听取消息的你只有干着急的份。

从消息发出者的角度来说，语音消息的确比文字信息更省事、更便捷，但从信息接收者的角度来说却截然相反。读取语音信息需要信息的接收者有一个合适的外部环境，周遭不能太过吵闹，如酒吧、KTV、闹市等，也不能太过严肃，如课堂上、会议室等。相较之下，文字对环境的要求则低得多。

语音信息本身也远不如文字信息那样直观。通过文字信息，我们可以一目了然地解读出对方的主要意图，而语音信息则不然。对方一旦吐字不清，或者语音中录入了杂音，都会影响到信息的接收。这个时候我们就需要反复地听，这样一来，我方在接收信息时就付出了更多的成本。

而且，语音消息在事后再次查阅时也极为不便。

杨浩是一位新闻工作者，单位里的男同事有值夜班的安排，这一周值班的人里就有杨浩。在值班之前，他需要先从上一位值夜班的同事李伟那里把工作交接过来。事先，杨浩已经和李伟打过招呼，让他把交接的内容发到自己的微信上即可。

周一下午六点，杨浩来到了岗位上，准备开始值班。当他打开微信，准备接着李伟的工作开始做时，一看手机傻眼了，李伟交接工作的信息全都是一大段一大段的语音。

杨浩看着手机屏幕上这数十条长长的语音消息犯了难，他只能从第一条听起。听着听着他就发现，听着后面的前面的就忘了，再去查找的时候根本无法一下子找到想要听的那条消息。一来二往，时间都浪费在了听语音上。

这时，某权威新闻媒体突然爆出一条至关重要的时政新闻，所有新闻单位必须第一时间发布。杨浩一下子就慌了手脚，工作还没交接上，这边又来了重大新闻，慌乱中杨浩错过了发布重要新闻的最佳时间，事后被领导狠狠地批评了一顿，还被扣除了当月的奖金。

这时，有人可能会说："微信有语音转化文字的功能啊！"先不说这个功能的转化率对普通话标准程度的依赖，即便是语音能转变为文字，一次也只能转化一条语音消息，多条语音消息的前提下，你还是需要逐条转化，这样一来我们读取语音消息的成本就更高了。更何况大部分人的普通话都带有口音，语音转化文字的过程中经常会出现误差。如果是普通的聊天，这样的误差完全可以忽视，但如果是一些严谨的事情，这样的误差就不能被容忍。

除此之外，朋友同事之间的聊天，如果一方持续发送语音信息，就会打破二者之间的心理平衡。语音消息的发出方会给人一种居高临下的感觉，信息的接收方会因此而产生抵触的情绪。如果聊天的双方只是泛泛之交，突如其来的一连串语音消息则更像是一种粗鲁的侵犯，信息接受者会感觉到很突兀，会不由产生"我们的关系已经好到可以语音聊天了吗？"的心理。

因此，除非是万不得已，不然千万不要发语音消息。这里的"万不得已"大概可以包括两种情况，一种情况是手里有其他事情，只能发语音，比如正在骑车。另一种情况是对方要求发送语音类消息，比如对方想听一听你的声音，或者对方想听你唱歌。剩下的情况，能打字就打字，如果你自己更偏向于接受语音消息，不妨在手机上装一个文本转化语音类的应用。

9. 如何礼貌地结束微信聊天，而不显得尴尬生硬

日常的网聊中，难免会遇到一些迫不及待想要终止的对话，也时常会遇到一些继续不下去的对话。遇到了这两种情况，终止对话是最好的选择，但主动提出终止对话是一件极为尴尬的事情，那么如何礼貌地结束微信聊天，才能不显得尴尬生硬呢？

我们常用的一种终止对话的方式就是使用表情包来结束对话。我们喜欢用［挥手再见］的表情来终止对话，也会用从网上搜集来的搞怪表情包来终止对话。但当人们习惯了使用表情包之后就会忽视掉表情包所表达的内容和其独特的搞怪形式，而单纯地把它当作是一种终止聊天的手段。此时，一个有趣的表情包与一句生硬的"回聊"也就没什么区别了。

范浩喜欢上一个女孩，几次见面之后范浩终于加到了女孩的微信。自此以后，范浩每天晚上都会主动地和女孩聊天。聊着聊着范浩就发现女孩似乎对他并没有多少好感。

范浩之所以会有这样的感觉是因为在聊天中他发现，女孩对他没有多少耐心，俩人聊着聊着就聊不下去了，每当这个时候，女孩就会给他发来一个表情包。最开始，范浩常被表情包里的内容所吸引，但时间一久他就明白了，女孩发表情包的意思就是不再想聊下去了。知道了这层含义之后他以为女孩对他是真的没什么兴趣，渐渐地范浩找女孩聊天的次数就变少了。

其实，女孩对范浩的印象还不错，但自己从小就有早睡的习

惯，每当俩人聊到她睡觉的时间点时，她总不知道该用什么方法来终止这次对话。为了不显得尴尬，她只好以一个表情包来暗示范浩，自己不想聊下去了。这本是为了**避免尴尬**，结果弄巧成拙，被范浩理解为不想和他聊天。

使用表情包的目的就是避免直接而又生硬地互道结束语，但一味地使用表情包同样会让人感觉你在聊天时漫不经心，结束聊天时敷衍了事。除此之外，也有一些人喜欢用"呵呵""哈哈""嘿嘿"来结束对话，或者就是用长时间不回复来终止对话。事实上，这两种方式并不比表情包更"走心"，它们同样会让人觉得你是在敷衍。并且以这样的方式来结束对话，会阻碍到下一次聊天开启。

为了避免结束对话时的尴尬，让终止聊天时不那么生硬，你可以采用以下方式：

（1）给出积极的评价

当你想要终止你们的聊天时，不妨顺着对方的话题由衷地赞美他几句。此时他也许会客气地谦虚几句，但当你再一次赞美他时，他就会发现聊天很难再继续下去了。情商高的人会立马意识到你这是想终止聊天，情商低的人也会因为没有话题而主动提出终止对话。

（2）回归聊天的最初目的

聊天最自然的方式就是回归话题本身。当你们的聊天已经达到了某种目的，再继续下去只会让双方都很尴尬，此时你可以重新把话题引回话题本身，比如"说实话，我觉得你刚才说得真棒，之后我会尝试一下。"这样的语言能让对方意识到话题应该终止了。相互寒暄几句之后，你们的对话就自然而然地结束了，没有任何的尴尬和生硬。

（3）找一个更为真实的借口

事实上用"我去洗澡了"来结束聊天是一个很不错的借口，但这个借口早已被网友们识破，并且"洗澡"也不具备突发性。因此，我们可以找一些更为真实的借口，这些借口一定要具备突发性，这样才更容易让对方信服。比如"我妈喊我擦地板""哎呀！手机快没电了！""手机快没流量了"等等。

（4）等对方无话可说时主动提出

聊微信时，经常会遇到双方聊着聊着突然没话题了的情况，这时很多人为了避免尴尬会主动去找话题。但这样的东拉西扯反而更显尴尬，倒不如干脆等对方无话可说，然后直截了当地提出"原来你这么有趣，和你聊天很有意思，今天就这样吧，咱们改天接着聊！""那个啥，闺蜜叫我去逛街，不说了哈……"

有礼貌地结束一段对话并不一定要迁就对方，也没必要有太多的顾虑。两个人聊天不是为了开心就是为了解决具体的事情，如果聊天的目的已经达到了，适时地提出终止对话反而更好。

第十章

说是一种能力，不说是一种智慧

1. 如果你不知道说什么，就微笑着倾听

畅销书作家戴尔·卡耐基曾说过："如果你希望成为一个善于谈话的人，那就先做一个注意静听的人。"由于大部分人没有掌握讲话的技巧，在我们不甚熟悉的领域或面对"功力深厚"的人时，言多容易露怯，甚至招来笑话和不必要的麻烦。这时，与其在沟通中苦恼于不知道说什么，不如转换一下身份，先成为倾听者。

生活中很多时候，比起努力编织一段宽慰人心的话，无声的聆听更被人需要。因为肯毫无保留地向我们诉说一己情怀的人，多半是自己的亲友爱人，事业受挫，感情受伤，他们心中的苦闷需要倒一倒，那作为身边人的我们，自然要站出来认真倾听他们的苦闷。至于该怎么做，他们心里比我们更清楚。

小静有次接到好友电话，话筒那边传来阵阵哭声，于是问她是发生了不好的事吗。好友说自己早就在淘宝上相中了一件衣服，苦苦等到开售日，却没抢到。

这确实不是一件好事，可也绝不是值得哽咽落泪的伤心事，再三追问，小静才知道事情的走向在好友和男朋友讲述这件事

时，发生了转变。在好友带着失落向男朋友讲这件小事时，男朋友只是随便听了听并责怪她小题大做、没事找事，于是原本只想要发泄一通的她，直接被气到哭出来。

电话通了十分钟，小静只讲了三句话不到，而朋友已经平复了情绪。

处在消极情绪状态下的人，一些平常看来很普通的言论与行为，也会成为戳中他们痛处的利剑。如果把握不了话语的分寸，就干脆什么也不说，遇见这种情况，语言往往是苍白而多余的，要帮他们做做减法，静静地待在他们身边，做一个聆听者，任由他们倾诉自己的苦楚烦恼，通常情况下，说出来了，也就不那么情绪化了。

戴尔·卡耐基说过："最善于言谈者就是最善于倾听的人，通过与他人连接，它赐予你改变他人的力量。"好口才能帮助我们改变自己的人生，而善意且有效的倾听或许能影响他人的生活。

倪萍在央视《等着我》节目中，扮演的就是一个倾听者的角色。节目不用主持人去提前设计好环节和问题，只需要坐在这里，倾听那些求助者亲口讲述的经历和痛苦，不打断，不追问。后来谈到节目的摄制，倪萍感慨自己是一边倾听着，也一边感动着。她用倾听来感同身受，用最安静也最坚定的方式默默支持。而同时在倾听的除了倪萍，还有台下的观众。他们中的许多人自发成了节目组的志愿者，甚至想要加入《等着我》的队伍。

这就是倾听的魅力，默默地和你一起承受痛苦，又一起分享幸福。很多时候，倾听他人，让我们学会了什么是尊重，什么是包容，它能让我们感受到一种既真实又美好的善良。

倾听作为一种沟通方式，不止对别人，对我们自己也是十分重要的。比如作为教育工作者，倾听学生的需求和意见，能更好地因材施教。进入职场，善于倾听，能帮你获得信息，少走弯路。当然这些都必须建立在有效倾听的基础上，没有技巧的倾听对双方都是无意义的，那么如何在实际中做到有效倾听呢？

以一种真诚的态度去倾听。与讲话要学的技巧不同，聆听不需要太多的条条框框，更多的是需要你用一种真诚的态度去配合，认真听他讲述，用自己的情感去体会他的故事，全情投入进去。

（1）适当地回应对方，表达共情

对方讲述时一般会有一个短暂的休息，此时作为倾听者就要及时进行反馈，恰当地表达一下自己的感受，也可拍拍肩膀，拥抱对方一下，稍作宽慰。在对方持续讲述时也可进行眼神交流。这样对方会感知到你的关心和在意。

（2）清理自我的情感，做到纯粹倾听

如果在倾听时，不断有小事打扰，或者自己本身情绪不佳，那对别人对自己都是极不尊重的。我们需要忘掉自身，把关注点放到对方身上。倾听前一定要做好准备，留出足够的时间，找一个不易被打扰的地方，静下心来听他诉说。

（3）倾听时还应善于观察，思考话语传达的讯息

倾听不只是用耳朵听，更要调动身体其他感官去仔细观察讲述者的情绪、疑惑和肢体动作等，从而更好地捕捉讯息，分析讯息，及时作出判断。

有效倾听让我们在沟通中更深入地了解别人，感悟人生，它蕴含着善良与智慧，值得我们在以后的生活中积极运用。

2. 讲话的修养就是别人说时你闭嘴

培根曾说："打断别人、乱插话的人，甚至比发言繁长者更令人生厌。"

我们很多人都有突然打断别人说话的毛病，这往往会让人觉得你很没有修养，因为你没有在别人说话时给予别人尊重，久而久之，你就会成为一个让人讨厌的人。其实这很好理解，换个角度想一想，你在说话时一直被人打断，是不是也很生气呢？还有一种特殊情况，我们等不及对方把事情说完，就急着下结论，表达看法，这样就会造成一些不必要的误会。

二战期间，美军一位军官接到一个危险的任务，于是他将大家集合到一起，排成一列站好。他说道："这次任务非常紧急，愿意执行的，就向前走一步。"话刚说完，他就被参谋叫到一边去处理一份战报了。

处理完战报的军官看到眼前整齐的一排队伍，竟无一人站出来，愤怒的他大声呵斥："就没有人肯主动执行吗？"

一个将士大声说道："报告司令……"军官立马打断他，再次呵斥道："事态紧急，任务繁重，你们这群懦夫怎么配当一名军人？"

现场一时气氛凝重，这时刚才发声的那位将士再次开口：

"司令，请让我把话说完，其实，我们每个人都想去执行任务，便都向前跨了一步，所以在你看来还是一条直线。"军官听完，一时羞愧不已。

生活中，我们也经常会因为没听别人把话说完，就妄下结论从而造成误会，有时甚至会决定一件事情的成败。听别人把话说完，有利于我们获取完整信息，更好地处理问题。

谈话时，听别人把话说完，也许就几分钟，花了很短的时间却给了对方机会，展示出了对别人充分的尊重和信任，这是一种很重要的说话技巧，处理好了，有时不仅使我们更受欢迎，也会给对方提供帮助。

有位中学女生在学校遇到很多不如意的事情，心情烦闷，想找人倾诉，可别人总是对她絮絮叨叨的抱怨不耐烦。直到她遇见了去学校做演讲的卡耐基，她从自己的感受开始讲起，卡耐基一直在耐心倾听。

她说到学校里同学朋友们都孤立她，自己总是一个人时，卡耐基觉得问题可能出在她自己身上，但他并没有直接打断对方，而是以眼神鼓励女生继续说下去。原来她有一个非常不幸的童年，父亲出轨抛弃了她和母亲，母亲因而脾气很暴躁，不许她和外人来往。不幸的家庭生活让她性格变得孤僻乖张，难以和别人正常交流。

听完了女生的倾诉，卡耐基才知晓她备受大家冷落的原因，卡耐基说："对你和你母亲的遭遇，我表示同情。现在你也长大了，也该试着走出这片阴霾，用你的胸怀去接纳新的生活，你是个可爱的人，大家会接纳你的。"女生听了非常感动，也渐渐解开了心结，获得了朋友。

试想如果卡耐基在中途就打断女生的倾诉，发表自己的见解，那这可能就是一段无效的沟通了。要想取得有效的沟通，就必须给对方充足的话语权，保证她讲话思路的完整性和延续性，听她把话讲完。

听别人把话说完，它体现的不止是你的讲话技巧，更是一种真诚、积极的态度。有了这种态度，对方的倾诉才会流畅完整，而你之后的安慰与建议也才能真正发挥作用，最终这场谈话才是有意义的。

我们要想在谈话中获得尊重，就要尊重别人，顾及别人的感受。不要轻易打断别人说话，不要随意插入别人的会话，不要不听完整就去下结论，乱指挥。如果必须插一句，也要寻找合适的时机，等对方说话告一段落了再说也不迟。想及时表达自己的观点时，也要采取表情示意或手势示意的方式，给对方暗示和心理准备，千万不要直接打断别人的讲话。

让对方把话说完，是个人修养的体现，是对别人的肯定和尊重。让对方把话说完整，有利于事情的完美解决，让一段谈话发挥出它的价值。

3. 对不了解的不妄加评论，是一种教养

我们在与人交谈时，似乎都习惯站在自己的角度去评判对方的言行，有时候甚至仅凭几次简单的沟通就自以为了解了对方，

随意去发表意见，从而对别人造成有意无意的伤害。试想如果别人也这么对待你，你又是什么感受呢？

"你只知道我的现在，不知道我的过去；你只知道我的名字，不知道我的故事，所以请不要妄然评价我。"每个人都是独特的，因为每个人的生长环境、家庭背景、经历各不相同，形成了不同的性格和思维方式。如果你理解不了或根本就不了解别人，那就保持沉默，这是对别人的尊重，更是体现你教养的一面。

有一个寓言故事，说是主人养了一只猪、一头乳牛和一只羊，把它们关在一个笼子里。某天，主人走过来捉住了猪，猪大声哀嚎起来，并且猛烈地反抗着。羊和乳牛在一旁轻蔑地嘲笑它："你怎么这么胆小啊，主人常来抓我们，我们也没这般嚎叫啊！"猪听了说："你们当然不怕了，他抓你们是为了毛和乳汁，抓我则是要吃掉我呀！"

在你说话前，请不要只以自身的得失和价值观来考虑。你没有经历过或仔细了解过，你就不会懂得别人人生的滋味。比如，你重视事业，便对恋爱中的同事言语轻蔑，却不知对方从小家庭破裂，特别渴求一份真诚的爱意。很多你不在乎的东西，可能正是别人拼命想要的。

一个有教养的人，会懂得善待彼此，尊重各种差异，更会在自己陷入困境时，仍然试着体谅别人的不易，在言语之间给彼此留有余地。

一位患者突然急需手术，等在手术室外的患者父亲正因为主刀医生不能立即出现而焦急不已，他内心有无数种声音在咆哮着:"身为医生怎么这么不负责任,我儿子正在危险之中,这还算一位合格的医生吗……"

医生匆忙赶来,一连几声"对不起"向他致以歉意,父亲欲加指责,却在几秒思索后还以一个微笑:"没关系的,请您安心手术。"

几个小时过后,医生顺利地完成手术,在交代完护士一些注意事项后,便又匆匆离去。在一旁等待着的患者父亲半开玩笑地对护士说:"他好像对别人的生死满不在乎啊,他是有什么事情急着去处理吗?"护士叹息一声,拉住这位父亲说道:"您的孩子得救了,他的亲人却永远离去了,接到手术通知前,他在去亲人葬礼的路上,现在手术完成了,他要再过去完成葬礼。"父亲内心一惊,庆幸自己当时没有对医生说什么胡话。

别人经历过或正在经历着怎样的喜悦或磨难,专注自我的你可能并不知晓,很多东西只是一个表象而已。多少人因为不了解对方背后的故事,就恶意揣测,乱加评论或指责。只有真正有教养的人,才会去试着了解对方,站在对方的立场去想一想,即使内心再有不快,也能忍住不说。

一个真正有修养的人,往往拥有一颗慈悲包容的心,懂得去成就别人。在言语之间知退让,善于收敛一时的怒火,因为他们明白,有些话说了,就没有再收回来的可能了。这其实也是在提升自身的修养。

面对你不了解的人,交谈时一定要有所保留,尽量不去下一些结论或者评价。我们不是法庭中权威的审判者,作为他人人生的旁观者,我们没有权力去对别人的人生评头论足,更加不能主动干涉。大家生而为人，都是平等的。你有一路走来的艰辛，他人亦有。你历经无数次的喜悦或者痛苦，他人也同样尝遍冷暖。

在与不了解的人沟通时，一定要克制自己的好恶，尽量以客观的态度进行交流。不说"肯定是你错了""你怎么能这么想"……之类的话语，在发表自己观点的同时，也去肯定别人的想法。一个真正有修养的人，是不会随意贬低别人而抬高自己的。

不论你们在谈论什么，或者面对什么样的事情，只要你不是当事人，对该事件又没有绝对的了解，那就保持沉默。随意地评头论足，是一种低素质的表现，也说明你还不够成熟。

4. 口吐恶语前，先沉默三分钟

在与人交往中，有的人遇事不卑不亢、温文尔雅。有的人却口吐恶言，出口伤人。毫无疑问，前者更能处理好人际关系，后者则是在处处埋雷，让自己越走越难。

作为一个成年人，我们早已不是当初可以口无遮拦的小孩子了。没有人会为你不当的言行负责任，除了你自己。大家都喜欢好听的话、舒服的话。相反地，难听的、挖苦讽刺的、咒骂的话，谁也不愿听，任谁听了都会生气。在与人交往中，每说一句话之前，都要考虑一下你要说的话是否合适，不要口无遮拦，想说什么就说什么，给其他人造成不快。

不说过分的话，给对方留有余地。什么东西都是讲究有来有往的，你给对方台阶下，他日后也不会去为难你，虽说人海茫茫,可若"后会有期",你今天出口伤人,哪天冤家路窄,换你处于劣势,就有可能吃亏。

王小丰在一家企业做市场调查员,有一次向公司提供的市场信息不够准确,造成了公司的重大损失。总经理通知小丰过去谈话,犯下错误的王小丰心想这回肯定要被解雇了。

见到经理前,王小丰做足了挨骂的心理准备。可当他进到办公室里,经理只示意他先坐一坐,停了一会儿才开口说话:"回去好好想想原因,把它做成一份具体的报告交给我。"

过了一段时间,王小丰为公司提供了一条又超前又准确的市场信息,一下子为公司创下了不少利润。

总经理再次约他谈话:"这次表现不错,看来上次让你写报告是有用的。"王小丰很激动,感谢公司肯给他补过的机会,才能创下这次的业绩。经理补充道:"上次捅那么大娄子,按说让你离开公司也不为过。但考虑到市场信息瞬息万变,责任不全在你,公司留下你是相信你的能力。果然这次能够将功补过,该给你的奖励一分也不会少的。"

王小丰十分感激遇到这样一位上司,从此更加用心为公司做事。

有时候我们避免不了因为别人的错误而给自己或团队带来麻烦,很多人因为怒气难消便口出恶言,扔给对方一堆难听话,不但解决不了事情,还会给彼此的关系埋下隐患。所谓三思而后行,在行动之前一定要做好准备,才能行之有效,不会出错。同样地,说话之前,尤其是脏话、难听的话一定要仔细考虑好说出去的后果,考虑好到底应不应该这么说,考虑好是不是应该保持沉默。

屠格涅夫有句话这样说道："开口之前，应该先把舌头在嘴里转十个圈。"语言的作用太大了，在与人交流中，一句话的好坏往往就决定了很多事情。可能你随意的一句讥讽，就导致了别人的痛苦。你不屑的咒骂可能带来牢狱之灾。口吐恶语前，先沉默三分钟，给自己冷静的时间，对我们彼此都是利大于弊的。

5. 管好自己的嘴巴，让流言止于自己

中国有个成语叫"祸从口出"，告诫人们要谨言慎行，不该说的不要说，以免给自己招来灾祸。然而很多时候，古人的至理名言不被重视，太多的人依然我行我素。

一件事无论真假，只要被大家你一言我一语地传来传去，传到最后必然会远远相差于最初的事实。这是因为先前"嘴痒"的人不见得记得全，而听的人又往往会存在理解偏差，而同样管不住嘴的其他人多多少少都会添油加醋后再传出去，如此经过很多人的再次加工，谣言就产生了。大家都未经证实便随意传播一些消息，往往会造成祸端，反过来受其伤害。

其实，无论在什么地方，总有一些喜欢议论他人长短的人，想方设法打听他人的隐私，然后，加以散布、宣扬。说者无心，听者有意。如果你管不住自己的嘴，说了什么不实的话，这些情况被那些别有用心的人利用，就很可能让你陷于不利的位置，甚至干扰你的生活。

吴漾在一家公司负责人事工作。由于人事部就是协调公司内部员工之间关系的，所以有些风言风语，尤其是关于领导的传言他听说了不少。

一天，吴漾在楼下酒店里遇到了独自一人的同事老黄，两人便一起吃饭闲聊着，老黄一副心事重重的样子，对吴漾不大热情。吴漾这才想起上次老黄找他帮忙的事，他一拍大腿，一脸抱歉地说："上次你跟我说你调动工作的事情，不是我不想帮你啊，那个位子，老刘一直盯着呢。"老黄疑惑道："他已经是部门经理了，还盯着这下属的位子？"吴漾嘿嘿一笑："都说刘经理外面有人，这不正在给人家谋职位呢，他官比我大啊，我得看他的脸色行事，不能擅自行动。哪天真把人弄来了，我就没法交差了。按说你的能力是最好的、最合适的，我也很想把那个位置给你，但是我没有办法啊……"老黄听到这里火气直往脑袋上冲，他没有想到自己申请调动工作失败是因为老刘的原因。

第二天，老黄就气冲冲地闯到老刘的办公室找他理论，越说越生气，最后两个人就吵起来了，老黄非常激动地说："昨天老吴吃饭的时候都跟我说了，你还想狡辩吗？"没过几天，老吴就接到了公司的下调信。

无论在生活上，还是工作中，我们会听到很多传言，也许你认为这只是茶余饭后的谈资，可若管不住自己嘴巴，跟风参与进去，那你很可能受传言所累，掉进舆论漩涡。要知道谣言制造者本就是带着目的性在攻击别人，小心你的一言不慎将事态拉至更严重的地步。

在和别人聊天时，一定要学会管住自己的嘴巴，有效规避传言给自己带来的伤害。你可以试试以下几个方法，让你在谈话时巧妙应对不实传言。

（1）听到传言不去主动追问

有时候一两句话对你造不成什么影响，然而听的细节多了，你的大脑就会自觉重视起来。时间长了心里会产生包袱，便想找人尽快抖搂出来。因此要学着主动避开传言，不只管住自己的嘴巴，还要管住自己的耳朵。

（2）回应前，停一停，想一想

和别人说话时，不说没有根据的话，因为从你口中说出来的是与非，是要对它负责的，

谨记说话也要"三思而后行"，有些话不能说的，就坚决不开口。

（3）畅通自己的信息渠道，及时识别对方的话

从多个途径获取信息，扩大知识面，不论是纸媒还是网络新媒体，要尽可能地选择相信政府官方媒介或者主流媒体，一些捕风捉影的网上传言应自动过滤。

在今天这个信息爆炸的时代，散播传言的成本极低，速度又很快，信息往往真假混合，一时难辨。有时候一个小小的玩笑却能因为无数人的跟风传播而酿成大祸。我们能做到的，就是在与人交谈时，管好自己的嘴巴，不做谣言的制造机，也不做谣言的传播者。

6. 有些秘密适合烂在心里

有句话这样说道:"秘密若从口里出来,就已出了大门了,以后会遍于全世界。"有些秘密,一旦说了出去,就相当于打开了缺口,秘密本身将会迅速地发酵变异,酿出事端。处事交往,我们应该懂得这样一个道理:别人之所以将自己的秘密告诉你,是出于对你的信任。你要做的是珍惜这份信任,保守好秘密,而绝非把它张扬出去,一旦践踏了别人的真心,你们的关系也将迅速破裂。如此不能保守秘密,只会令信任自己的人彻底失望。因此,对于别人的秘密,我们务必要守口如瓶。

郑源从原公司辞职后,到某跨国企业参加面试。来这里求职的人非常多,经过一轮笔试,郑源进入了面试环节。面试时几个问题问下来,实力很强的郑源都能应对自如。然而在面试官提出最后的问题时,他一下就被难住了,这道题目是这样的:"能说说您之前所在公司有什么秘密吗?大小秘密都可以,请您详细说,这道题目很关键的。"

郑源一时间不知该如何应对。考虑到该企业的丰厚报酬,他内心蠢蠢欲动,可转念又想,他工作了这么多年,总不能为此把最基本的职业素养丢失了,于是他微笑地看着面试官说:"对不起,这道题让我十分困惑,我对我的前公司有保守秘密的义务,无论我走到哪里这都是不可以说的。"他停顿了几秒又接着说:"如果您必须知道这道题目的答案,那我选择放弃这次求职。"

第十章 说是一种能力，不说是一种智慧

说完，他就离开了。

一周后，他正式收到了这个企业的录用通知书，通知书的末尾写道："经检验，您具有良好的职业操守，值得我们信任。"

可见，能否在关键时刻守口如瓶，保守好秘密，是衡量一个人人品的关键。无论是别人主动告知还是你意外得知，秘密始终是秘密，管好自己的嘴巴，让它烂在肚子里，仿佛你从来就不知道。随着时间的流逝，只要你不主动提起，秘密在你脑海里作用不了什么，而你一旦把它说出去，就可能导致危机的产生。就像让·保·里克特所说的那样："一个人泄露了秘密，哪怕一丝一毫，就再也得不到安宁了。"

有这样一则寓言故事，乌鸦和刺猬是一对邻居，经常在一起谈天说地。在一次闲聊中，刺猬向乌鸦透漏了自己身体的小秘密："别看我全身是刺，其实我也有弱点。当我全身蜷起时，腹部有一个小眼儿不能蜷起来，要是朝着这个小眼儿吹气，我就会因为痒而展开自己的身体。"刺猬说完后又跟乌鸦说道："你可千万要为我保守秘密，这要是传出去，让狐狸知道了，那我就没命了！"

乌鸦举止轻浮，在知晓刺猬的秘密后，并没有慎重地对待这个秘密，而是在一次焰火晚会上将此事告诉了狐狸的邻居猫头鹰。

很快刺猬就被狐狸抓住了，当狐狸顺利咬住它柔软的腹部时，刺猬绝望地说："乌鸦，你怎么能说出我的秘密呢！"

乌鸦泄露了刺猬的秘密，造成了刺猬的死亡。可刺猬的死亡，又何尝不是自己造成的呢？我们在与人交往时，要明白有些

秘密适合烂在心里，甚至是，只能烂在心里。我们每个人都有自己的秘密。首先我们要对自己的秘密负责任，在与人交流时，要懂得保护自己，不主动透漏自己的信息，不该说的一定不能说。

而对于别人的秘密，不知道的我们不去打听，知道的就管住自己的嘴巴，替别人保守好这些秘密。一旦泄露了他人的秘密，你便会失去别人的信任，还会为别人招来麻烦，甚至灾祸。

美国前总统罗斯福在海军就职时，有人向他打听美国海军在加勒比海一座岛上建潜艇基地的事，罗斯福巡视了一下四周，然后轻声问这个人："你能做到保守秘密吗？"这人回答道："能，当然能！我会守口如瓶！"罗斯福笑着点头，接着说："那么，我也能守口如瓶。"面对秘密，最好的处置方式就是忘记它，自己不去主动提起。别人问起时也要装傻说不知道，要知道，凡事管住了自己的嘴巴，也就避免了祸患的来源。

7. 别人不想说的隐私，不刨根问底

好奇是人类的天性，保持一颗好奇心能为我们的工作和生活带来不少乐趣。然而好奇要把握一个度，面对别人的隐私一定要收起你的好奇心。在与人交往时，谈话过程中千万不要涉及隐私，这样不仅不礼貌，甚至是在侵犯别人的权益。

隐私是无关公共利益和群体利益的个人私生活秘密，是人从出生就拥有的自然权利。我们都不喜欢将自己的隐私暴露在公众面前，一旦被人曝光，就会感到难堪和恼怒。因此在日常沟通

时，若你打算向对方提出某个问题，最好先在脑中想一下是否涉及别人隐私，如果是，要尽可能避免提问。尤其是一些本人极力回避的问题和话题，千万不要刨根问底，否则极易激怒对方。

李先生是北京的一个出租车司机，看到越来越多的外国人来中国旅游和定居，为了不被社会所淘汰，也为了追赶时尚潮流，便开始自学英语。由于勤奋学习，他很快就能用英语进行一些简单的沟通。某天李先生接了一位英国的客人，心想这是一个锻炼口语的好机会，还可以学习正宗的英语发音，便主动问好，这位英国客人也积极回应，两个人你一句我一句地聊了起来。

由于没怎么接触过外国人，李先生对这位英国客人很感兴趣，在交谈中不自觉地提了很多问题："您结婚没有呀？有孩子了吗？"对方没有立即回答，迟疑了一下，说："你猜猜看。"李先生又接着问："你多大了？看起来还挺小的，家里有兄弟姐妹吗？"

这位外国客人开始不耐烦起来，脸朝向车窗外的人流说："今天的天气很不错，适合出门逛逛。"李先生见他自顾自地说话，还以为人家没听懂，又把问题重复了好几遍。客人却不再说话，很快就下车走了。

生活中这样的例子比比皆是，你自以为很热情地和对方交谈，却不知早已触碰到了别人的隐私。我们应掌握一些基本的隐私常识，比如收入支出、年龄、婚姻状况、家庭住址等等个人情况都不能随意出现在交流中，否则很可能让别人觉得你是在查户口，一旦对你抱有了戒备之心，那就无法愉快地交谈了。甚至有些人明知是隐私，还一直追问个不停，以获得别人隐私为乐子，极其不尊重对方。

七月份中旬,正是一年中酷暑难耐的时节,赵明却发现公司的一位同事刘华竟每天穿着长袖,胳膊捂得严严实实。于是就想弄明白怎么回事,他想办法和刘华说上话后,便开始有意无意地打听他的个人情况。刘华每次都默不作声或者干脆转移话题,赵明却不依不饶,有一次甚至直接问刘华:"你的胳膊受过伤吗?怎么也不见你露出来?"生性温和的刘华没有说什么,找了个借口走掉了。自那次之后,赵明就感到刘华在有意疏远他,哪怕有工作需要也尽量不直接和自己说话。

尊重他人的隐私,在交流时不刨根问底,尤其是别人已经暗示了不能说的时候,就更要懂得回避,自动去转移话题,这样才能保持友好顺畅的沟通。这不仅是与人交流时要注意到的问题,更是一个人法律素养的体现。无论在哪个国家,个人隐私都是受到法律保护的。

诚然,每个人都有好奇心,生活中能激起人们兴趣的话题越来越少了,因此,人们会变着法儿地去找一些乐趣来做生活的调料。然而,这是在社交环境里,最应该避免的。

为了避免对别人的隐私刨根问底,我们应做到以下几点:

(1)树立隐私意识

我们要知道每个人都是独立的个体,每个人都有属于自己的小秘密,从自己心中就规划好隐私的界限。主动做到不打听、不传播别人的秘密,矫正不尊重他人隐私的陋习。

(2)增加自身的道德修养和法律素养

只有自身懂法,才不会犯法。只有自己有良好的道德品质,我们才能在人际交往中游刃有余。平时要多学习，多注重塑造个人的品质。只有道德品质和法律素养兼具，才不至于做出对别人隐私刨根问底的傻事！

（3）发现苗头，及时打住

如果交谈中不小心涉及了对方的隐私话题，要及时打住，去寻找新的话题。

每个人都有自己的隐私，在与人交往中，要学着对隐私问题装聋作哑。我们无权知道别人的隐私，对别人的隐私问题刨根问底更是极不道德的一件事。

8. 最好的批评是沉默

在与人交往中，我们经常会面对别人大大小小的错误。直接的批评通常不会带来好的效果，很多时候会演变成一场争吵，一场不快。既然在生活中批评避免不了，那就试着改变批评的方式。不同的人由于年龄、文化程度、经历、性格特征等的不同，对批评的承受力有很大的区别，这就要求批评者根据批评对象的不同，采取不同的批评方式。很多事实证明，最好的批评是沉默。

小天有个好朋友，叫兰兰。有一次两人相约去快餐店吃饭，回到家后的小天说兰兰很没有素质。她妈妈听到了，问她为何背后说人坏话，小天说她点好餐后去了洗手间，回来后发现自己并未动过的冰淇淋像被咬了一口，心想肯定是兰兰偷吃了。

"那你说她了吗?"妈妈问道。

"没有,那么多人,不想让她难堪,我只是很长时间没和她说话。"小天不情愿地说着。

妈妈笑着说:"这种情况下,最好的批评就是沉默,毕竟她是你的朋友。我们都知道她平常很羞涩,也许她是很想尝尝味道但又不好意思讲出来。"

小天听了说道:"最好是这样,她见我不再说话了,也开始不自在起来。"

"那说明你的沉默让她意识到了自己的错误。"妈妈肯定地说道。

果然,第二天到学校,兰兰主动向小天承认错误,表示以后不会再这样了。小天说:"以后我们再有什么好吃的,彼此不要不好意思开口,应该共同分享。"心结打开,她们的友谊也更加深厚了。

心理学家席勒曾说:"我们极希望获得别人的赞扬,同样地,我们也极为害怕别人的指责。"既然这样,我们在批评别人时便应该顾虑对方的感受,以沉默代替言辞,因为语言往往承载着太多的情绪和想法,虽然能快速地表达不满和建议,但直接的指责会让他们难堪,不但一时难以接受你的批评,还容易造成逆反心理。

在批评别人时,沉默往往比话语更具有威严的感觉,因为人们对无法知晓的事物会产生一种敬畏之心,当你的想法、心态、情感等因为沉默而被隐藏,人们便无法依据语言去猜测你的意图,只能心怀忐忑地在意你的一举一动。

在孟子小的时候，一天他的母亲正在织布，看到放学回家的孟子，便询问他今日的学习情况，孟子不以为意地说："跟过去一样。"

孟母见他对待学业如此漫不经心，十分生气，什么也没说，只是拿起剪刀把刚刚织好的布剪断了，孟子见状很吃惊，向母亲问道："为什么剪布？"孟母说："你荒废学业，如同我剪断这布一样。有德行的人学习是为了树立名声，增长知识。所以平时能安宁，做起事来就可以避免祸患。现在荒废了学业，就不免要做下贱的劳役，而且难以避免祸患。"

后来一连几天，孟母都不和孟子说话，孟子十分害怕，于是他一改往日态度，开始严肃认真地对待起学业，终于成了有大学问之人。

面对别人的错误，适当的沉默会督促他进行自我反省，这要比苦口婆心的说教有用得多，只有自己体会到了过错，才能消化掉别人的批评和建议，为了让接下来提出的批评和建议保有分量，我们应该懂得最好的批评是沉默，但沉默也需要技巧。

（1）沉默不可单枪匹马

我们要想让沉默式批评产生作用，那就要做好前后铺垫。突然的沉默未必可以让人领悟。可以先用一些动作来表达我们的不满，例如拍桌子，或用重物发出声音，传递出你在发表意见的信号，好比孟母断织，这样才能为你的沉默铺垫。

（2）创造严肃紧张的氛围

在保持沉默的过程中，态度须冷淡，表情要严肃。把我们的失望、愤怒、不满通过这样一种紧张的氛围传递出去。这样他们的内心才会产生压力,增强内疚,才能积极改正自己的错误。

(3)沉默要把握好度

任何批评都要讲究适度原则,沉默式批评也要把握好度。面对不同的人,沉默的时间也要不同,领悟力强的人、内心敏感脆弱的人都不宜沉默时间太长,容易适得其反。沉默也分强硬和柔软,面对不太亲近或地位悬殊的人时,用沉默来表达一下态度即可,不要过于认真。

与人相处,但求愉快。在批评别人时,最好以沉默的方式,不但可以有效地解决问题,还可以让我们的好意不被误解。

9. 被批评,别忙着为自己辩解

我们在生活和工作中受到批评,第一反应就是开口为自己辩解,找一堆理由,以证明自己没有做错或者情有可原,结果呢,往往是越说越错,将批评者的怒火再次点燃。因为当你尝试着去为自己辩解时,对方会感觉你没有尊重他的意见,会认为你是个自大和没有礼貌的人,尤其是措辞不当的辩解,更会加深对方对你的不良印象。

其实很多批评是富有建设性的,是对我们自身进步有用的,面对批评,我们不要急于辩解,忍一时风平浪静,终归是你有做得不到位或不好的地方,哪怕是有可以理解的理由,大家都是只看结果的。

李燕是某广告公司的一名普通员工。有一天,她外出约见客户,快结束时收到上司的电话,通知她下午要开重要会议,尽早赶回公司,千万不要迟到了。李燕一看时间还很富余,就一口答应了。可当她谈完事往公司走时,才发现交通拥堵,出租车很难前进,紧赶慢赶还是在会议上迟到了。

会议结束后,还没等李燕开口认错,上司就当着那么多同事的面把她批评了一顿。李燕觉得很委屈,心里想着又不是我的错,碰上交通拥堵我已经在尽力往回赶了。她想出言反驳,但是转念一想自己只是一个新来的员工,批评就批评吧,满腔的委屈到嘴边又咽了回去,没有说什么,只是低着头。上司见到她这副模样就让她回去了。

在后来的工作中,李燕十分地小心翼翼,对待上司的命令严格执行,被批评也依然不为自己辩解,没过多久就升职了。她对此感到不理解,就跑去问老员工,老员工说:"上司的脾气有点急躁,他不喜欢跟他顶嘴的人,那些满嘴找理由的员工都被辞退好几个了。应该是看你努力工作,还虚心接受批评,不辩解不扯皮,自然就提拔你了。"

在受到批评时,怎么说话,如何正确对待批评,都是需要你细细考量的。首先你不要过多解释。在语言上不停纠缠和争辩,往往越辩越乱。如果真的事出有因,你可以等对方批评完了,再适当表明一下原因。

被批评时也不可自己小声发牢骚,对方在正大光明地指出你的错误,你却偷偷摸摸地埋怨他,这非但不是君子所为,被他听见或看见,还会伤害对方的感情。批评有批评的道理,当别人见你批评不得时,也就自动疏远你了。

在别人批评你时，还有一种做法十分不理智，那就是一时口出狂言，当面顶撞起来。你让对方下不了台，对方也就不会轻易放过你。相反，你保持谦虚，说一些承认错误的话，就是在给对方面子，对方对你的批评也就会适可而止。如若你不知道怎么说话时就选择闭嘴，什么也不说，因为我们被批评后容易一时情绪激动，影响大脑思考，在这种情况下，不说比说要安全很多。

当我们被别人批评时，别忙着为自己辩解。其实可以用很多相对柔软的方法来代替，也许会取得更好的效果。

（1）善用"对不起"

被批评的时候，先说一声"对不起"，表达一下自己的歉意。"对不起"就像软化剂，一开口就能先缓解对方心中的怒火，有时候批评者就是想得到一句抱歉的话，你说了，也许问题就好办了。

（2）要说"我错了！您批评得对！"

相对那些总是胡搅蛮缠的人，大家更欣赏的是知错就改的人。当人们面对犯了错误却能悔过并改正的人时，往往会产生恻隐之心，所以，大胆地承认错误，用"我错了"来让对方感知到你的忏悔之心。那么他非但不再批评你，甚至还会给予关怀和帮助。

（3）记得加上"谢谢您"

不管别人的批评是好是坏，不论你能否听取一点东西，都要为对方能够花费他们的宝贵时间去给你提出批评意见而表示一下你的感谢。最后，简简单单地说"谢谢你的反馈"或"谢谢你的宝贵意见"。

被批评，别忙着为自己辩解，别因为一时的冲动气愤就乱了手脚，要暗示自己保持镇静，学着做一个聪明人，无论对自己还是对别人都是利大于弊的。

10. 置之不理，诽谤就会灰头土脸

《荣枯鉴·谤言》有云，谤而不辩，其事自明，人恶稍减也；谤而强辩，其事反浊，人怨益增也。

这是说面对诽谤和诋毁时，最理智的做法就是远离它。辩解、怨恨，甚至报复都不必去做，智慧的人只会让自己解脱，而不是一步一步跟它纠缠，身陷诽谤的牢笼。无论世事怎样变迁，这些道理都将穿越时光而历久弥新。

那些制造诽谤的人在伤害你的同时还在等待着你的反应，你越在意越辩驳，他们也就越兴奋，随之而来的是更多的诽谤中伤。相反，你避开风头，置之不理时，他们的攻击也会日渐疲软，甚至放弃。遇到诽谤时为自己辩解，这没有错，但你慌乱的情绪和一时的口不择言会让自己陷入更加不堪的境地，招致更多人对你的怨恨。

丽丽是当地有名的一位模特，因为过硬的专业水准，无论是走秀还是拍平面广告，她都是很多商家的首选。然而市场竞争激烈，总有人想要把她取而代之。

有次在洗手间里她听到两位同事在说一些关于她的不好的传言，丽丽十分生气，冲出来就问："这是从哪听来的？"这两人

见丽丽生气了,立即打住不说,离开了卫生间。

第二天,公司里都在传丽丽在卫生间狠狠骂了两位同事,态度十分嚣张。丽丽从好友处得知自己被污蔑成这样,更加生气,忍不住要去找昨天那两人对峙。

好友拦住了她,说:"如果你今天去找她们对峙了,那明天就将传出你恶意殴打同事的传言,甚至发散至整个模特圈里。"见丽丽很是不解,好友又说:"像这种恶意污蔑,你就是有一百张嘴也说不清的,反而会因为你的反驳而让他们造谣出更离谱的传言。"

丽丽无奈地叹息道:"那就任凭他们诽谤我的名誉,什么也不做吗?"

好友拍拍她的肩膀,说:"对待这种诽谤,最好是置之不理。你不给热度,大家很快也就忘了。"看丽丽点了点头,又鼓励她道:"很快就是新的模特大赛,你安心准备,一定能拿下冠军,到时候还用怕这些无中生有的流言吗?"

丽丽听了好友的建议后,哪怕亲耳听到非议,也置之不理,只是认真地准备模特大赛。

后来丽丽在模特大赛里获得冠军,用自身的实力再次让大家喜爱,而当初的诽谤谣言,早已不见踪影。

面对污蔑诽谤,我们没必要斤斤计较,有句话说得好:"走自己的路,让别人去说吧!"相信身正不怕影子歪,只要我们自己问心无愧,那我们就坚持做下去。别人的一时诽谤,伤害不了我们多少,倘若我们沉不住气和对方争论起来,只会让麻烦越来越多。你能堵住一两人之口,却堵不住悠悠众口,甚至外界不太熟悉此事的人会把你和诽谤者混为一谈，留下极不好的印象。面对诽谤，我们应学会淡定地看待它，同时也要从自身出发积极应对。

（1）做好心理建设，从容面对

诽谤你的人就是要在心理上打败你，你认真了，也就输了。你可以找到自己的信仰，为自己的行为准则做一个规划。或者打开自己的视野，多学习多接触新鲜事物，让内心充盈起来。这样在面对外界冲击时，你才能从容应对。

（2）专注自己的事，做出成绩

出言诽谤，往往是一些稍逊于你的人出于嫉妒，想要击垮你取而代之而产生的做法。作家亦舒说过："一做出成绩来，全世界和颜悦色。"你只有继续提升自己，进入更高层次的境界。你们之间的距离越来越大，嫉妒往往就转化成佩服，诋毁之心也能变成赞美之意。

（3）善于自省，及时止损

孔子教诲我们："见贤思齐焉，见不贤而内自省也。"当我们遭受诽谤时，不用去理睬，但一定要做到心中有数，有时候诽谤不是空缺来风，可能是你的一些小缺点被人有意放大，从而大做文章。

在生活中，对待诽谤，我们不可一时冲动，有时候简单的理论几句就会演变成口角，甚至引发更大的矛盾。与人交往，要懂得适当退让，就算让他占了嘴上的光，你不去理他，他终究起不了什么水花。面对恶意的攻击，我们坚持清者自清，用事实让诽谤与谣言不攻自破。

11. 学会在争论中置身事外

与人争论是件很耗费精力的事情，在争论中输了，你失去颜面；在争论中赢了，你让对方丢了面子，容易滋生仇恨。并且处在争论中的人，往往是不理智和暴躁的，会给外界留下不好的印象。一旦开始争论，你在争论中就会失去理智，往往口不择言，甚至到最后演变成人身攻击。争论花费掉你的时间和精力，却只收获了一腔愤怒，事情完全得不到解决。

美国众议院著名发言人萨姆·雷伯说过："如果你想与人融洽相处，那就多多附和别人吧。"这并不是说让你必须同意别人说的一切，而是让我们试着接受不同的思想，好好相处。无休止的争论只会影响彼此之间的沟通和交流，想要融洽相处，就要避免争论。

"服务员！服务员！"餐厅里一位客人高声喊着，手里拿着一杯牛奶，十分愤怒地说，"你们这破餐馆，居然给我喝坏掉的东西，我要的是红茶，怎么一喝变成了坏牛奶！"

服务员愣了一下后换上微笑，说："真是对不起，先生，我马上给您换一杯。"

新红茶很快就送上来了，跟上一杯一样，碟子边上放着牛乳和柠檬。服务员轻轻放好之后，又温柔地说："先生，跟您提示一下，如果放柠檬的话，最好不要加牛奶，这很可能造成牛奶结块。我想，刚刚您是一时忘记了，祝您用餐愉快！"

这位客人脸一下子红了,迅速喝完离开了。

旁边的客人跟服务员说道:"明明是他自己不会喝,没常识,还这么凶地骂你,你应该直接跟他说,让他丢人才好。"

"直接与顾客发生争论,影响多不好,问题也不能及时解决。他粗鲁,那我就温柔地对待他,正好以柔克刚。"服务员微笑着说道。

顾客们都连连点头表示赞同。此后这家餐馆的生意一直很好。

林肯曾说:"宁可给一条狗让路,也比和它争吵让它咬一口好。被它咬了一口,即使把狗杀掉,也无济于事。"在非原则的问题上要避免和他人发生冲突,否则只是在无意义地浪费口舌、时间和精力。尤其当遇到蛮横不讲理的人,或者那些为了显摆自己而处处和人争执的人时,我们更要避免和他们发生口舌上的不快。

聪明人是不会做这种只赔不赚的生意的。当和别人意见相左或发生误会时,他们会选择避免争论,哪怕争论已经发生,他们也善于巧妙化解,让自己置身事外。

季羡林和臧克家一起到一个饭馆吃饭,邻桌坐了一对母子。正在吃饭时,邻桌的妇女出去上卫生间,母亲一离开座位,孩子就淘气地在饭桌边上蹦下跳。不一会儿就站到了桌子上,谁知突然脚下一滑摔了下来,然后就"哇哇"大哭。季羡林听闻立马转身把孩子从地上抱起,问他伤着没有。可孩子摔得不轻,越哭越厉害。

这时,孩子母亲从卫生间出来,看到此情景,一下子就误会成季羡林弄哭了孩子,不客气地骂道:"你对我儿子做了什么?

怎么这么没有道德,欺负小孩子!"季羡林莫名挨了骂,却不理她,只转身回到原位。女人见季羡林不吭声,仍不依不饶:"我儿子要受伤了,我跟你没完。"说着,就检查起孩子的伤情来。这时,周围的客人指责女人的蛮不讲理:"是你的孩子自己摔倒了,这位先生好心帮你扶起他,你怎么不问清楚就胡乱骂人呢!"女人顿时无地自容。

季羡林曾分享过他总结的一个道理:"如果打笔墨官司,则对方也必起而应战。最初,双方或者还能克制自己,说话讲礼貌,有分寸。但是笔战越久,理性越少,最后甚至互相谩骂,人身攻击。到了这个地步,谁还能不强词夺理,歪曲事实呢?这样就离开真理越来越远了。"

用争夺的方法,你永远得不到满足,而用让步的方法,可能会有意想不到的收获。在争论中置身事外,要有虚怀若谷的心态和良好的自控能力。要做到克制,首先要克服自己的情绪,建立高水准的"自尊",对人做到低压力,适当地夸奖对方作出让步,同时语调温和,让对方自己认识到错误,才是以柔克刚的大智慧。